省级一流本科课程配套教材

社会体育学

主　编　李思莹
副主编　姜乃云　邱　娜　张　坤
　　　　于　雅　张培竹　蒋涵卫
　　　　姚金岩　张宝龙

北京理工大学出版社
BEIJING INSTITUTE OF TECHNOLOGY PRESS

内 容 简 介

本书是沈阳科技学院省级一流课程"社会体育学"的配套教材，也是普通高等学校社会体育指导与管理专业的专业课教材。本书主要从社会体育概述、社会体育参与、社会体育与社会发展的关系、身体锻炼概述、健身运动处方概述、我国社会体育的基本形式、我国的社会体育法规制度、社会体育管理概述、社会体育组织机构与职能、社会体育的科学研究方法等方面对社会体育进行了广泛、深入的论述，然后通过介绍社会体育学在提高人民的身体素质，促进社会的健康发展，满足广大群众对体育锻炼、休闲、娱乐、康复及保健等方面的多元化需求，让学生能够充分了解社会体育的理论知识，了解社会体育的概念、特征、功能、手段和途径以及社会体育在我国体育事业中的重要作用。

本书脉络清晰、内容充实，可作为普通高等学校社会体育指导与管理专业的专业课教材，也可作为各级社会体育指导员和社会体育管理工作者的参考用书。

版权专有　侵权必究

图书在版编目（CIP）数据

社会体育学 / 李思莹主编. -- 北京：北京理工大学出版社，2025.1.
ISBN 978-7-5763-4717-3
Ⅰ. G80-051
中国国家版本馆 CIP 数据核字第 20252MM105 号

责任编辑：封　雪　　　**文案编辑**：毛慧佳
责任校对：刘亚男　　　**责任印制**：李志强

出版发行 /	北京理工大学出版社有限责任公司
社　　址 /	北京市丰台区四合庄路 6 号
邮　　编 /	100070
电　　话 /	（010）68914026（教材售后服务热线）
	（010）63726648（课件资源服务热线）
网　　址 /	http://www.bitpress.com.cn
版 印 次 /	2025 年 1 月第 1 版第 1 次印刷
印　　刷 /	三河市天利华印刷装订有限公司
开　　本 /	787 mm×1092 mm　1/16
印　　张 /	9
字　　数 /	209 千字
定　　价 /	35.00 元

图书出现印装质量问题，请拨打售后服务热线，负责调换

前言

社会体育作为中国体育事业的重要支柱，无论在公益还是商业领域，都发挥着举足轻重的作用。我国的社会体育事业自中华人民共和国成立以来便获得了迅猛的发展，形成了独具特色的社会文化体系。

随着竞技体育的发展，社会体育也迎来了空前的繁荣。1995年，《全民健身计划纲要》的实施为社会体育的发展注入了强劲动力，体育人口逐年增长，服务体系日趋完善。2011年，国务院颁发了《全民健身计划（2011—2015年）》，以保证全民健身工作的持续开展。如今，社会体育已成为现代人生活中不可或缺的一部分，深刻影响着人们的物质生活和精神世界。

与此同时，学术界也对社会体育领域展开了广泛而深入的研究，不断引入新概念并构建理论体系，为社会体育学的发展奠定了坚实基础。为了顺应这一趋势，从20世纪90年代起，各体育院校纷纷开设社会体育专业，培养专业人才，以满足社会对体育人才的需求。

在此背景下，我们编写了本书，旨在全面、系统地介绍社会体育的理论与实践。在编写过程中，我们立足中国国情，强调社会体育的社会主义性质和人民性，探讨其与经济发展、社会进步之间的关系。

我们相信，本书可以为高等学校体育专业教学提供有力支持，推动社会体育的进一步发展。

本书的具体编写分工如下：李思莹编写第一章和第三章，姜乃云编写第二章，邸娜编写第四章，张坤编写第五章，于雅编写第六章，张培竹编写第七章，蒋涵卫编写第八章，姚金岩编写第九章，张宝龙编写第十章。

本书可作为普通高等学校社会体育指导与管理专业的教材，也可作为各级社会体育指导员和社会体育管理工作者的参考用书。

由于编者水平有限，书中难免存在不妥之处，恳请广大读者批评指正。

编　者

目录

第一章 社会体育概述 (1)
 第一节 社会体育的概念 (1)
 第二节 社会体育的结构与功能 (3)
 第三节 我国的社会体育 (7)

第二章 社会体育参与 (11)
 第一节 社会体育参与概述 (11)
 第二节 体育人口概述 (16)
 第三节 非体育人口 (21)

第三章 社会体育与社会发展的关系 (27)
 第一节 社会体育与生产方式 (27)
 第二节 社会体育与生活方式 (30)

第四章 身体锻炼概述 (37)
 第一节 身体锻炼的原理 (37)
 第二节 身体锻炼的内容与方法 (48)

第五章 健身运动处方概述 (51)
 第一节 运动处方简介 (51)
 第二节 运动处方的制订与实施 (55)
 第三节 常见病运动处方实例 (59)

第六章 我国社会体育的基本形式 (64)
 第一节 农村体育 (64)
 第二节 职工体育 (69)
 第三节 社区体育 (78)

第七章 我国的社会体育法规制度 (85)
 第一节 我国社会体育法规制度的意义和任务 (85)
 第二节 我国社会体育领域主要的法规制度 (88)

第八章　社会体育管理概述 ·· (96)
第一节　社会体育管理的内容 ·· (96)
第二节　社会体育的场地设施 ·· (100)
第三节　社会体育管理的方法 ·· (101)

第九章　社会体育组织机构与职能 ·· (109)
第一节　社会体育的组织机构 ·· (109)
第二节　社会体育机构的职能 ·· (112)

第十章　社会体育的科学研究方法 ·· (116)
第一节　社会体育科学研究方法概述 ··· (116)
第二节　社会体育科学研究的基本方法 ·· (122)

参考文献 ·· (131)

第一章　社会体育概述

> **内容提要**
>
> 社会体育是我国社会体育的主体部分。由于社会体育的概念体系比较复杂，只有弄清楚社会体育的概念才能进一步了解社会体育的特点。社会体育有其结构特征、组成要素和功能价值。现阶段，社会体育已经成为我国体育事业中的重要部分，正逐步走上科学化、生活化、法治化和产业化的轨道，呈现出快速发展的趋势并以此来满足人民群众对社会体育发展的需求。

第一节　社会体育的概念

一、社会体育的概念与特点

（一）社会体育的概念

社会体育，指职工、农民和街道居民自愿参加的，以增进身心健康为主要目的的，内容丰富、形式灵活的社会体育活动，它是我国体育事业的重要组成部分。

社会体育不同于高水平的竞技运动，它以普通人群为对象，但不包含学校的体育教育，也不包含武装力量的军事体育训练。原因是学校体育和武装力量体育包含许多法律强制的成分。学校和武装力量作为社会的特殊活动领域，其活动与体育之间具有特殊的联系，虽然学校和武装力量中有为学生和官兵开展的体育活动，但它们与学校中对学生进行的体育教育（在中国和某些国家学校的教育中，体育被列为必修课程）、官兵军事训练中的体育这两种具有"强制性"的体育存在紧密联系，所以在目的、组织管理、进行方式、具体内容上都与在其他活动领域中开展的体育活动存在明显的区别。因此，各国在体育分类上都将学校体育和武装力量体育视为与狭义的社会体育、高水平竞技体育相互独立的类别。

在我国，社会体育主要用于以下场合：社会体育指导员、社会体育系、社会体育专业、社会体育指导中心、社会体育指导站等。

社会体育有着广阔的发展前景。随着社会物质财富的不断增加，人们余暇时间的不断延长，人们对体育的价值观念的不断提高和完善，人们参加社会体育活动的条件在改善，社会体育的参与程度在提高，社会体育的发展规模在不断扩大。近几十年来，世界各国社会体育发展的进程都证明了社会体育具有越来越广泛的群众基础，呈现出越来越繁荣的景象。

（二）社会体育的特点

1. 社会体育的多样性

社会体育是一种牵涉面广、层次繁多、形式多样、内容丰富的群众性体育活动。第一，参与人员具有多样性。既可以包含不同年龄和性别、各类人种和民族，也可以包含城市居民和农村居民，脑力劳动者和体力劳动者，等等。第二，参与动机具有多样性。有的社会成员参与社会体育活动的动机是强身健体，有的为了放松身心，还有的为了加强社会交往。人们参与社会体育活动的目的是沿着生物的人、精神的人和社会的人的多重维度并围绕多种需求而展开的。第三，参与形式具有多样性。社会体育按地区和组织形式可分为社区体育、农村体育、职工体育和家庭体育等；按地缘可分为民间体育、民族体育；按目的可分为健身体育、娱乐体育、健美体育、保健体育，而保健体育又可分为医疗体育、矫治体育等；按参加的人群可分为婴幼儿体育、中老年体育、妇女体育、残疾人体育等。

2. 社会体育的灵活性

社会体育的灵活性体现在三个方面。第一，组织形式的灵活性。既有行政部门组织的，也有社会团体组织的，还有群众自发开展的。第二，活动方法和手段的灵活性。社会体育因人、因地、因时制宜地采用各种体育方法和手段，较少受规则、器材、设备、场地的限制，可以不断创造各种新的方法和手段，甚至新的内容来满足人们多方面的体育健身和娱乐需求。第三，活动时间的灵活性。社会体育是人们根据自己的实际情况、需要和爱好，而在工作之余进行的活动，是建立在自觉、自愿、业余的基础上的。

3. 社会体育的自主性

社会体育的参与是以自愿为原则的，国家鼓励公民积极参加社会体育活动，但不具有强制性。现在，人们的余暇时间普遍增多，同时，体育发展意识普遍增强，体育活动便逐渐成为一部分社会成员的消遣。

4. 社会体育的广延性

社会体育的开展涉及社会的方方面面。可以说，社会体育涵盖了从企业到社区、从社区到家庭、从企业到机关、从机关到厂矿、从厂矿到农村，几乎除学校体育、竞技体育及军事体育以外的所有类别，从空间上体现出它的广延性。在参与人群方面，不同的性别、年龄、职业、收入水平、健康程度、兴趣爱好等人群均可以被涵盖其中，这说明参与社会体育的对象也具有一定的广延性。

二、社会体育的地位

（一）社会体育是我国体育事业的基石

社会体育在我国体育事业中具有基石地位，这一点通过两个方面得以体现。首先，社会体育将增强人民体质和提高国民素质视为自身的根本任务之一。其次，社会体育也对竞技体育起到积极的影响作用。为了全面提高我国体育事业的整体水平，必须坚持将普及与提高相结合，促进社会体育与竞技体育的协调发展。此外，还需要不断努力探索社会体育与竞技体育的发展规律，这些都是我国体育事业发展的既定方针。

（二）社会体育的发展是实现体育现代化的重要标志

国民体质是国家综合国力的一个组成部分，社会体育的规模和水平是社会发展水平的一个重要方面。我国体育发展战略明确提出了实现体育现代化的目标，而社会体育的开展状况和发展水平则是体育现代化的重要标志之一。总而言之，社会体育是人类文化生活中的重要组成部分，它的存在和发展不仅反映了整个民族的文化水平，而且对现代社会生活、经济和文化的各个方面都有影响。随着我国经济和居民生活水平的不断提高，大家对社会体育的需求将更广泛、更迫切。因此，做好社会体育工作不仅是现代社会生活、经济和文化发展的需要，也是满足人类生存、享受和发展的需要。正是由于社会体育对社会发展起到促进作用，它在现代社会中的地位更加凸显。

第二节 社会体育的结构与功能

一、社会体育的结构与各要素

（一）社会体育的结构

体育是一种开放的、复杂的系统，它具有清晰的结构特征，这种结构是体育作为系统出现、存在的前提和主要形式。社会体育的结构是指组成社会体育的各种内在要素相互联系、相互制约、相互作用的相对稳定的方式。

社会体育围绕它的根本任务——增强体质、促进健康、促进"两个文明"的发展，而由若干子系统以一定的结构形式相互联系构成了一个有机的整体。就其根本性质而言，这个整体是一种庞大的组织系统。构成这个系统的各个子系统又可分解为若干环节或要素，各个子系统都在一定程度上具有相对独立性，有不同的功能。社会体育的结构具有以下几种性质。

1. 社会体育结构的整体性

因为社会体育是现代社会生活整体的组成部分，直接体现了体育的本质属性和发展方向。社会体育中的各个组成部分是一个有机联系的整体，不同性别、年龄、职业的人群以及不同动机的参与者，都是社会体育活动的主体，缺少他们参与的社会体育，其结构是不完整的。同时，社会体育内部的联系，以及与外界环境进行的物质、能量、信息交换的过程，也要通过社会体育结构来实现。

2. 社会体育结构的稳定性

现代社会体育结构由职工体育、中老年体育、妇女体育、婴幼儿体育、残疾人体育、家庭体育、民族体育、民间体育等构成。社会体育各个部分既密切联系又相互制约，体现出社会体育结构所具有的稳定性。但是，社会体育结构的稳定性相较竞技体育和学校体育的结构则较为松散。社会体育作为一个开放性的系统，与内外环境都有着稳定的联系，且不断与外部环境进行稳定的物质、能量和信息交换。

3. 社会体育结构的层次性

现代社会体育的结构层次是复杂的，可分为深层结构和表层结构。所谓深层结构，包括社会体育的性质结构、功能结构、知识结构、智力结构、智能结构、技术结构、人才结构；所谓表层结构，包括社会体育的组织结构、项目结构、等级结构、年龄结构、类别结构、管理结构等。

4. 社会体育结构的动态性

社会体育结构的动态性是相对其结构的稳定性而言的，整体性是发展的，层次性是变动的，即结构的动态性是绝对的、普遍的，因此是客观的。社会体育作为人类特有的社会现象，它所具有的结构不仅随着自身的发展而变化，而且随着人类和社会的发展而变化。社会体育结构的动态性使社会体育自身形成了过去、现在和未来的纵向发展序列，使社会体育的规模等在不断变化和发展的过程中呈现出纷繁复杂、多姿多彩的局面。

（二）社会体育的基本要素

社会体育的基本要素有人、财、物、时间、空间、信息、管理等。

1. 人的要素

在社会体育领域，人的要素包括两个因素，社会体育参与者的因素以及社会体育组织者和管理者的因素。

社会体育参与者的体育需要和体育价值观念是至关重要的因素，因为他们的需要和价值观决定了他们参与社会体育的态度和行为，以及在活动中的积极性和自觉性。

社会体育组织者和管理者的素质决定了社会体育的整体水平，他们对社会体育的认识高度、重视程度及业务能力都会对社会体育产生重要的影响。

2. 财的要素

社会体育的过程是一个消耗社会财富的过程，因此必须有资金投入。社会体育的资金投入有两种来源，一种是将社会体育作为一种公共产品，以政府利用税金和体育彩票公益金作为来源；另一种是社会体育参与者自己的消费投入，如接受体育健身教练的指导费、医生开具运动处方的诊治费、健身健美的培训费、参加单项体育俱乐部的会员费和场地器材的租赁费、陪练的陪同费等。

3. 物的要素

社会体育的开展必须具备一定的物质条件。例如，锻炼身体消耗需要补充营养，运动时需要购置服装鞋帽、家庭健身器材，以及修建运动场地、设施，购置公共运动器材等。另外，居民区的公共体育设施、对外开放的公用体育场馆和学校体育设施及其他空间，如街道、公园、水域附近、森林等，都是社会体育活动的场所。根据有关调查，为大众服务的体育活动场所与家庭的距离一般不超过15分钟（步行）。

我国用于开展社会体育的场地、设施并不十分充足，有70.5%的城乡居民还是在自家庭院、公路街道、住宅空地、场院等非正规体育场所锻炼身体；人均公共文体活动设施面积大幅低于日本、德国等发达国家的平均水平，远远不能满足社会体育发展日益增长的要求。因此，必须多渠道筹措资金，加大对社区体育场地、设施建设的投入。

4. 时间要素

余暇时间是人们参加社会体育活动的前提条件。社会成员消耗在生产劳动、家务劳动，以及与工作、学习有关的事情上的时间越多，参加社会体育活动的时间和机会就越少。随着社会的发展，人们的余暇时间越来越长，越来越集中，越来越有利于人们参与社会体育。同时，对社会体育的参与又是人们科学、健康、文明地支配余暇时间的重要方式，是提高生活质量的一个有效手段。

5. 空间要素

开展社会体育的空间条件，是社会体育生存与发展的另一个要素。不同的地理位置和自然环境，孕育出不同的社会体育活动方式。不同的经纬度、地形、地貌、植被、海拔高度、土壤、气候、水域分布都可能影响社会体育发展而出现不同内容、不同形式、不同规模、不同要求的体育活动。

在现代拥挤的城市生活里，人们参与社会体育活动的空间越来越狭小，在城市建设与发展过程中必须给社会体育活动留出足够的空间，建设适合不同人群的体育场馆和设施，供人们使用。

6. 信息要素

社会体育的信息要素包含的内容十分广泛，如体育锻炼的科普知识、社会体育的管理经验、社会体育的报道性新闻、政府关于社会体育的方针政策和法规制度，以及社会体育科研成果等，都是信息的表现形式。

7. 管理要素

社会体育不是一种个人行为，其具有强烈的社会性，因此，它的管理要素是社会体育的必要因素。社会体育的管理具有综合性，其表现在对具体活动的组织、协调、监督、指导方面，以及有效地发挥上述六种要素的整体效益，如对信息的筛选和引导、对社群组织及活动的监督和协调、加强财与物合理使用的预算和审查等，以及抵制不健康思想的渗透，防止邪教组织、帮会团体泛滥，利用有限的财物和时间实现最大效益。

在我国，社会体育是由各级政府直接管理的，群众组织、社会团体、基层单位也参与管理。《中华人民共和国体育法》规定："国家鼓励企业事业组织、社会团体和公民兴办和支持体育事业""地方各级人民政府应当为公民参加社会体育活动创造必要的条件，支持、扶助群众性体育活动的开展"。

二、社会体育的功能

社会体育的功能取决于体育本身的特点和社会的需要，除了具有反映体育本质的强身健体这种自然属性的功能外，主要表现在文化娱乐功能、社会情感功能及经济功能几个方面。

(一) 强身健体功能

社会体育的强身健体功能是通过经常性、科学的身体锻炼的效果表现出来的。它要求人有意识、有目的地直接参与旨在增进健康的身体活动，这是社会体育的特点和功能。社会体育可以改善和提高参与者中枢神经系统的能力，使其头脑清醒、思维敏捷；可以促进青少年身体的生长发育，提高运动能力；可以促进人体内脏器官功能的改善和机能的提高；可以调节心理状态，使人朝气蓬勃、充满活力；可以提高人体对外界环境的适应能力，增强机体免疫力；可以防病治病，延缓衰老，益寿延年。

(二) 文化娱乐功能

内容丰富多彩、形式灵活多样的社会体育是社会文化娱乐生活的重要组成部分。随着人们余暇时间的增加，如何度过余暇时间成为一个全社会都在关注的问题。科学、文明、健康、积极的余暇活动不仅可以使人们在紧张繁忙的劳动之后得到充分的休息，而且还可以陶冶情操，愉悦身心，培养高尚的生活情趣，加强道德修养。人们通过参加社会体育活动，特别是参加那些自己喜爱和擅长的运动项目，会在身体完成各种复杂动作的过程中，产生一种成就感；在与同伴的默契配合、与对手斗智的过程中，产生交往、合作的满足感；在征服自然障碍的过程中产生快感，这种快感还会升华为自尊心、自信心、自豪感。同时，各种运动项目的不同特点能使人在实践中获得各种不同的娱乐享受，如垂钓可使人悠然自得，乐在其中；跑步能使人有条不紊，勇往直前；打球使人机智、灵活；旅游则可以使人在饱览名山大川之后心旷神怡。

(三) 社会情感功能

现在的人们生活节奏快，工作压力大，脑力劳动多，体力劳动少，生活与工作环境公式化，心情浮躁、感情空虚。这是因为现代高科技生产缺少人与人之间的互动和交往，忽略人们情感的交流；单调的工作使人感到寂寞、无聊，情绪不佳；现代生活方式使家庭规模缩小，亲属间情感疏远，给人们带来许多情感困惑，这些是现代化科技带来的社会问题。体育运动是一种极富感情色彩的高级活动。它既是人们高级情感的产物，也是人类高级情感的发生器。在体育运动中，人们追求积极向上的荣誉感和相互交往的亲切感，并用"公平竞争"的精神维系着伦理道德。因此可以说，体育活动能调节人的心理平衡、稳定情绪、缓解紧张、增强自信心、增进人的感情交流，承担着充实现代人类高级情感的功能。

(四) 经济功能

社会体育虽然不是一种直接进行物质生产的经济活动，但有极高的经济价值，具体表现在两个领域，一是在物质生产部门，由于职工体育、农民体育的开展，改善了劳动者的健康状况和体质状况，通过提高出勤率、生产效率和劳动热情，提高团队协作意识，降低发病率、死亡率等，给生产劳动带来益处。二是在产业经营部门，社会体育是国民经济的一个组成部分，体育健身产业作为第三产业可以增加国民生产总值，也可以增加就业机会。此外，社会体育还具有稳定社会的政治功能和教化社会的道德功能。

第三节　我国的社会体育

一、我国社会体育的目的与任务

我国社会体育的目的与任务是指全国范围内指导社会体育事业的总目的、总任务。它对我国的社会体育工作具有普遍的指导作用。

（一）确定我国社会体育的目的与任务的依据

1. 人的需要

我国是一个社会主义国家，社会主义国家就要实行社会主义制度，因此要能够充分满足广大人民群众的物质和精神生活的需求，这也是社会主义的根本目的。社会体育是一种人民群众亲自参与又有助于大众健康的伟大事业，因此必须充分满足每个社会成员生存、享受和发展的各种需要。为人民服务不仅是社会体育的出发点，也是社会体育的归宿。因此在确定社会体育的目的和任务时必须真正体现"以人为本"的思想。

随着社会的不断发展，人们的需求是不断变化的，对社会体育的需要也在不断地变化。在解决温饱时代，人们对社会体育的需要是低层次的；进入小康社会后，人们对社会体育的需要就大幅提高了，而社会体育的目的、任务也随之发生变化。

2. 社会的需要

（1）社会体育是经济建设发展的需要。

随着社会的进步和经济的发展，人们对健康和生活质量的要求越来越高，社会体育作为一种有效的方式，能够提供个体健康、社会和谐及经济发展所需的各种要素。社会体育不仅可以提高人们的身体素质和健康状况，还能够培养团队合作精神，培养人才，促进社会稳定和发展。因此，将社会体育发展作为经济建设的需要，是可持续发展的重要举措。社会体育经济有着巨大的发展潜力，包括运动器材生产、运动服装制造、体育场馆建设和运营等多个产业链。投资和发展社会体育不仅可以创造就业机会，还能够带动相关产业的发展，为经济增长做出贡献。

（2）社会体育是社会发展的需要。

社会体育作为社会发展的需要，具有十分重要的意义。首先，社会体育可以促进人们的身心健康。通过参与体育活动，人们可以锻炼身体，增强身体素质，提高免疫力，预防和控制许多慢性病的发生。此外，体育活动还可以缓解压力，释放紧张情绪，提升心理健康水平，提高社交能力和团队合作能力。其次，社会体育有助于塑造和传承社会价值观念。通过参加体育活动，人们可以全面提升团队精神、公平竞争意识、遵守规则和道德等价值观念。体育活动中的公平竞争和团队合作精神可以帮助人们更好地适应和融入社会，促进社会和谐发展。社会体育还可以推动经济发展。在体育设施建设、赛事组织、培训教育、体育用品销售等方面，体育产业都可以创造就业机会，带动相关产业的发展。同时，体育赛事也可以吸引游客，推动旅游业的发展，促进地方经济的繁荣。社会体育作为社会发展的需要，对个人和社会具有重要意义。因此，应该重视社会体育的发展，加强基础设施建设，推动体育教育的普及，为人们提供多样化的体育活动参与机会，以推动社会发展进步。

(3) 社会体育是国防建设的需要。

社会体育在国防建设中具有重要意义。首先，社会体育可以增强国民的体质素质。体质健康是保障国防力量健康发展的基础，而社会体育作为普及体育活动的重要形式，可以通过各种体育锻炼项目，提高人体各项机能，增强身体素质和抗病能力。这对于提高国民的体力、耐力具有重要意义。其次，社会体育可以培养国民的集体主义精神和团队合作精神。通过参与体育活动，人们可以学习团队协作、相互支持和互相信任，培养团结合作意识和能力。这对国防建设中的协同作战、战略合作等方面至关重要。此外，社会体育还可以提升国民的民族自豪感和爱国主义情感。通过体育比赛和活动，人们可以感受到国家的荣耀和民族的骄傲，增强对国家的认同感和归属感。这对于激发人们为国家利益奋斗和牺牲的意愿具有重要作用，有助于国防力量的壮大。最后，社会体育还可以培养国民的纪律性和自律精神。体育活动需要遵守规则、尊重裁判和保持良好的体育道德，这有助于培养国民的纪律性和自律精神，进而促进整个社会的和谐与稳定。在国防建设中，纪律和自律是部队建设和行动的基石，因此社会体育在这方面也具有重要意义。

社会体育在国防建设中具有重要意义，可以增强人们的身体素质，培养集体主义精神和团队合作意识，提升民族自豪感和爱国主义情感，以及培养纪律性和自律精神。因此，我们应该高度重视社会体育的发展，将其纳入国防建设的整体规划中。

(二) 我国社会体育的目的与任务

我国社会体育的目的是促进全体社会成员的身心健康并增强体质，满足人民群众的娱乐需要和自我成就需要，促进个体的全面发展，为建设社会主义物质文明与精神文明服务。

我国社会体育的目的提出了社会体育的总目标，社会体育的任务则促使这个目标更加具体化和具有一定的可操作性。因此，社会体育的目的要通过具体任务来实现。

(1) 增强人民群众的体质，促进社会成员的身心健康，提高全民族的身体素质。

一方面，积极推进全民健身，为人民群众提供更多的体育锻炼机会，增强他们的体质，提高身体素质。另一方面，加强健康教育，提高社会成员的健康意识，引导他们养成良好的生活习惯，保持身心健康。全民健身运动对于个人和社会都有着重要的意义。全民健身运动可以改善人民群众的体质和身体健康。随着现代生活方式的改变，许多人长期处于久坐不动的状态，导致身体机能下降和健康问题增加。通过积极参与体育锻炼，人们能够增强身体素质，提高免疫力，从而减少患病风险。

(2) 实行社会体育管理体制改革，完善社会体育法规体系。

社会体育管理体制改革的目的是完善社会体育发展的法律法规体系，进一步促进全民健康，提升国民体质，推动体育事业的发展。首先，通过修订和完善相关法律法规，明确社会体育的法律地位和职责，规范体育组织、体育产业、体育赛事等方面的运作。其次，建立健全社会体育管理机构和体制，完善体育组织管理、体育人才培养、体育场馆设施建设和管理等方面的制度和机制，提高体育管理的效能和规范性。最后，建立健全监督和评估机制，对社会体育管理体制改革的效果进行及时的监测和评估，及时发现问题并及时调整和优化政策措施。

(3) 将社会体育纳入社会主义市场经济体系，扩大社会体育资源。

社会体育作为一种社会资源，应该被纳入市场经济体系，以便更好地进行资源配置和满足市场需求，从而扩大社会体育资源的规模和范围。作为一种社会资源，社会体育的发展需要依赖适当的资源配置和市场化运作。将社会体育纳入市场经济体系可以激发市场机制的作用，从而更好地满足市场需求和优化社会体育资源的配置并推动社会体育的发展和规模扩大。但在此过程中，也需要平衡市场机制和公益属性，从而确保社会体育资源的公平性、可及性。

(4) 扩大社会体育交流，丰富社会文化生活，推动整个社会的精神文明建设。

加强社会体育交流和丰富社会文化生活对于推动整个社会的精神文明建设具有重要意义。社会体育交流和丰富的文化生活可以促进人们参与体育运动和文化活动，提高身体素质和心理健康，减少疾病的发生。社会体育交流和文化活动不仅可以满足人们精神上的需求，还能够丰富人们的文化生活，提升人们的审美能力和文化素养，激发人们的创造力和创新思维。通过加强社会体育交流和丰富社会文化生活，可以有效推动整个社会的精神文明建设，提升人们的身心健康和社会素养，促进社会的发展和进步。

二、我国社会体育的发展趋势

自进入信息化社会以来，我国社会体育的经济和社会背景正在发生急剧的变化。我国经济在今后较长一段时间里仍会以较快的速度发展，还要经历中国历史上人口最多的时期，在人口迅速增长的同时，老龄化、都市化问题也显现出来；居民生活质量正在提高，居民消费的恩格尔系数正在下降，人们的余暇时间正在延长；社会的组织化程度正在加强，人口的受教育程度会得到较大幅度的提高。总之，我国正在稳步地从体育大国向体育强国转变，在这一转变过程中，社会体育将出现一些新的变化。

（一）体育消费呈现多样化和个性化的趋势

随着人们生活水平的提高和生活方式的多样化，体育消费已经不再局限于传统的体育竞技观赏，越来越多的人开始关注个人健康和体育休闲。健身房、游泳馆、羽毛球馆等体育休闲场馆的兴起，以及运动器材和健身产品销售的火爆，都反映了体育消费正朝着多元化和个性化的方向发展。

（二）体育产业呈现快速发展的态势

近年来，我国体育产业规模持续扩大，体育产业链不断延伸，涵盖了体育赛事、体育培训、体育设施建设、体育用品制造等多个领域。体育产业的快速发展不仅带动了就业增加和经济增长，也为广大体育爱好者提供了更多参与体育活动的机会。

（三）体育科技的应用不断深化

随着科技的进步和创新，体育科技在我国的应用越来越广泛。例如，运动生物力学分析、运动营养学、运动心理学等领域的研究和应用，为运动员的训练和竞技提供了科学依据；智能穿戴设备、虚拟现实等技术的应用，为广大体育爱好者提供了更加便捷和丰富的运动体验。

（四）全民健身的普及程度不断提高

全民健身是我国体育发展的重要目标之一。近年来，全民健身活动在全国范围内广泛开展。政府加大对全民健身事业的投入和支持，通过举办各类运动会、健身活动和体育培训，推动广大群众参与体育锻炼，提高全民健康水平。

（五）体育国际化程度不断提高

我国体育在国际舞台上的影响力和竞技实力逐步提升。我国举办了一系列国际体育赛事，如奥运会、亚运会等，提高了我国体育的国际知名度。同时，我国各项体育项目的竞技水平也在不断提高，取得了优异的成绩，为国家赢得了荣誉。

（六）体育教育的重要性逐渐凸显

随着社会对体育价值的认识不断提高，体育教育在学校和社会中的地位逐渐得到重视。体育教育不仅有助于学生身体健康和全面发展，还提高了他们的团队合作精神与竞争意识。同时，社会体育教育也广泛开展，为人们提供了学习和参与体育运动的机会。

我国社会体育发展的主要趋势包括体育消费的多样化和个性化，体育产业的快速发展，体育科技的应用深化，全民健身的普及程度提高，体育国际化程度不断提高，以及体育教育的重要性凸显等。这些趋势将进一步推动我国社会体育事业的繁荣和发展，为广大人民群众提供更多参与和享受体育的机会。

思考题

1. 什么是社会体育？社会体育与学校体育的区别有哪些？
2. 我国社会体育的地位如何？
3. 社会体育的结构是指什么？社会体育的功能有哪些？
4. 社会体育的组成要素有哪些？请以某一要素为例说明其对社会体育的影响。
5. 我国社会体育的发展趋势有哪些？

第二章　社会体育参与

> **内容提要**
>
> 中国社会体育的发展集中表现为群众性体育健身活动的广度和深度，以及社会体育参与的状况。参与社会体育活动是现代社会公民的一项基本权利，是人权的重要组成部分。一个国家或地区社会体育发展程度的主要衡量指标是人们的参与程度，其中最有代表性的指标就是体育人口的数量。政治、经济、文化的发展水平，社会体育的资源配置和管理水平，以及个人的体育观念、需求、条件和社会环境是影响社会体育参与的不同层面的因素。体育人口是体育发展的重要参数，多年来，我国的体育人口数量有了较大幅度的增长，远高于发展中国家的平均水平，出现了向城镇、老年人、妇女、离退休人员、高学历和中高经济收入群体偏移的倾向。

第一节　社会体育参与概述

一、社会体育参与

社会体育，是以人为本，以不断满足人们身体与精神的享受和发展需要为目的的一种社会活动。提高国民的体质与健康水平，从而提高人们的生活质量，促进人的全面发展是发展社会体育的宗旨。而要提高每个国民的体质与健康水平，最直接、最基本的途径是扩大社会体育参与。从这个意义上讲，中国社会体育发展，就集中表现为群众性体育健身活动的广度和深度，以及社会体育参与者的数量和质量。

中国社会体育发展过程中的主要矛盾是社会成员不断增长的体育需求与落后、短缺的社会体育资源之间的矛盾。这是我国人民日益增长的物质文化需要同落后的社会生产之间的社会矛盾在社会体育领域内的具体体现。人民群众对体质、健康与寿命的需要，可以促使社会不断地改善社会体育的环境条件，而后者的日益完善在满足人们的体质与健康需要的同时，又进一步刺激和引导人们产生新的体育需求。随着社会的进步，人们在体质与健康方面的需求是永无止境的，而满足这种需求的活动也永远不应停止。在需求与满足需求之间的失衡—适应—再失衡—再适应的循环往复之中，社会体育得以向前发展。

公民参与社会体育活动是现代社会的一项基本权利，是人权的重要组成部分。在国际人权立法的进程之中，可以发现公民体育权利逐步明确和人权体系日益丰富的发展轨迹。从1945年《联合国宪章》首次在国际法文件中正式使用"人权"这一概念，使其被确定为普通的国际法原则，到1948年《世界人权宣言》中系统提出人权的具体内容和奋斗目标并开始涉及经济、社会和文化权利方面的内容，人权的内容逐渐拓宽。1966年，第21届联合国大会将《经济、社会、文化权利国际公约》列为单独的国际法文件，更充分地表明人权体系的发展。该公约明确提出人人享有能达到最高的体质和心理健康的标准，受教育、参加文化生活等权利内容，为公民体育权利在国际法中的明确提出奠定了基础。1978年，在联合国教科文组织第20次会议上，专门阐明体育权利的国际体育法文件——《体育运动国际宪章》诞生了。该宪章反复申明"参加体育运动是所有人的一项基本权利"，强调"要使参加体育运动的权利对所有人来说成为现实"。20世纪中叶以来，许多国家制订的体育法中，都有保护公民体育权利的专门条款或鲜明地体现了这一宗旨。1995年，《中华人民共和国体育法》第10条明确提出"国家提倡公民参加社会体育活动，增进身心健康"。《中华人民共和国体育法》通过确认公民体育权利为公民参与各种体育活动提供了明确的法律依据，有效调动了公民参与社会体育的积极性，使公民的体育权利得到保障。

二、社会体育参与的特点

《全民健身计划纲要》中指出，"体育发展水平是社会进步与人类文明程度的一个重要标志"。体育的发展水平可以通过学校体育、社会体育的发展水平，高水平竞技体育的成就，以及体育的环境条件进行综合的评价。若一个国家处在经济落后时期，会将主要的体育投入用在高水平竞技体育中，试图用金牌的数量来鼓舞民心，增加社会凝聚力，弘扬民族精神。当一个国家的经济实力日益雄厚之时，人们的目光就开始从金牌的数量转向学校体育与社会体育的发展。在观察一个国家或地区社会体育的发展程度时，主要的衡量指标就是人们的参与程度，其中最有代表性的指标就是体育人口的数量。

社会体育的参与方式按程度上的差别，可做以下的分类。

1. 直接参与和间接参与

直接参与，是指社会成员亲自参与各种体育活动。他们不仅有较好的体育态度、锻炼身体的习惯，并掌握了体育的基本技术和知识。直接参与又可以划分为经常性参与和偶尔参与这两种方式。经常性参与者是体育人口的主体。

间接参与，又称非实质性参与，是指社会成员虽热爱体育运动，对竞技体育有兴趣，但不直接参与其中，只做体育比赛观众、读者。我国间接参与者所占的比例较高，特别在中青年人群中，而将这部分人转化为直接参与者，是发展我国体育人口的重要任务。

2. 当然参与和或然参与

当然参与是指社会成员从事专业体育工作或因职业要求经常从事体育训练，以及在规定的时间内达到国家规定的体育标准。

或然参与，是指社会成员经过体育教育和社会体育的感召，可能参与，也可能不参与体育。他们对体育的参与表现出很大的偶然性。发展体育人口的主要工作应集中在这部分人身上,也就是要经过社会努力、社会控制,将那些可能成为体育人口的人群转化为真正的体育人口。

当然,体育参与者在体育总人口中所占比例极小,但他们是体育工作的骨干队伍,也是社会体育的积极参与者,应适当提高这部分人的数量。

3. 终身参与和间断性参与

终身参与,是指社会成员自接受学校体育教育以来,坚持参与体育活动并在高龄时也能持续参与。社会成员离开学校即参与社会体育,才能终身保持参与体育活动。社会体育如何与学校体育衔接配合,是社会体育学关注的一个重要课题。

间断性参与,是指社会成员离开体育教育后,因种种原因离开了体育活动,中年或老年后又恢复参加体育活动。由于受我国特殊社会、家庭结构的影响,青壮年与中年人参与体育活动的比例不是很高。大量的社会成员是在进入老年前期后,由于余暇时间增多、生活条件改善、老年疾病缠身而重新参与体育活动的。

在间断性参与的人群中,妇女占的比例较大。妇女由于生育子女、家务劳动负担较重,年轻时退出体育活动的人口较多,到老年后,又有较多人恢复参与体育活动。这一现象在世界各国普遍存在。

4. 主动参与和被动参与

主动参与,是指社会成员接受了正确的体育价值观念,对体育运动和健身娱乐产生浓厚兴趣,自觉主动地参与并坚持体育活动。主动体育人口是体育人口中最积极活跃的部分。

被动参与,是指社会成员因某种社会压力或在特定环境的影响下被迫参与体育活动。被动体育人口在社会压力和特定环境消失的时候,就很有可能不再参与了。

三、社会体育参与的形式

(一) 活动场所

由于体育人口具有明显的持续化和组织化的基本特征,他们对体育活动场所的选择偏重于公众性,如单位体育设施、住宅小区空地、公园广场等,见表2-1。从这一特点中可以看出,发展公共体育设施和居民社区内体育设施是增加体育人口的基本环节。这些体育场地和设施不仅是体育辅导站、活动站开展活动的场地,也是体育人口主要的活动地点。这些体育设施往往也是居民体育社团挂靠的场所,具有较强的凝聚力,可以形成稳定的体育人口队伍。

表2-1 体育人口活动场所选择排序

场所性质	中选频率	序位
单位体育设施	41.01	1
自家庭院	34.74	2
住宅小区空地	27.92	3
公路街道边	23.38	4

续表

场所性质	中选频率	序位
公共活动场所	22.64	5
收费体育场馆	17.80	6
公园广场	15.28	7
树林、河边	8.59	8
场院	6.34	9
其他	4.19	10

（二）活动内容方法

体育人口对活动项目的选择表现出体育人口的基本特征。例如，从项目的选择上可以判断出体育人口由两部分人组成，一部分是经常参加单位内体育活动的青壮年人，他们的活动项目主要是各种球类活动和游泳；另一部分是分布在社区内的老年人，他们的活动项目以各种功、操、拳、舞为主。与偶尔参加体育活动的人相比，体育人口参加羽毛球、乒乓球的人数较少，而参加网球活动的较多，这也是符合体育人口的年龄和职业特征的。体育人口对体育项目的选择见表2-2。

表2-2 体育人口对体育项目的选择

活动项目	中选频率
散步、跑步	74.56
球类游戏	41.95
体操	24.22
交谊舞、体育舞蹈	19.59
游泳	16.74
武术	16.45
乒乓球	14.42
台球、保龄球	14.34
气功、太极拳	14.17
羽毛球	13.33
健身器活动	12.94
跳绳	12.93
网球	8.67
民间舞	4.52
其他	3.91
地掷球、门球	2.78

（三）组织形式

体育人口在参加体育活动时表现出较高的组织化程度，这与偶尔参加体育活动者截然不同，体育人口中的大部分人都会参加具有一定社会组织形式的社区、单位、辅导站、俱乐部的活动。但从表2-3中也可以看出，我国社会体育的社团发展还不够健全，作为辅导站、俱乐部成员而参加锻炼的人数还不是很多，这提醒我们要加快社会体育社会化的进程，将单位、社区体育活动以社团的形式组织起来。

表2-3　体育人口参加体育活动组织形式选择排序

活动组织形式	占比	序位
社区活动	70.80%	1
单位锻炼	53.80%	2
个人锻炼	49.32%	3
与家人一起	44.65%	4
在辅导站、俱乐部锻炼	44.04%	5
与朋友、同事一起	38.12%	6

（四）参加体育活动原因的分析

体育人口参加体育活动的原因排序与偶尔参加者非常相近，但体育人口表现出更强烈的健身动机，而偶尔参加者则表现出较强的心理和社交动机。特别值得注意的一个问题是，体育人口"在学生时代就喜欢体育活动并养成习惯"较偶尔参加者的排序靠前，这是形成体育人口的一个重要前提条件，见表2-4。这说明，人们在学校学习期间形成终身体育概念，对发展国家的体育人口至关重要。

另一个特别值得注意的问题是，很多人因为"体弱多病"而成为体育人口，这虽然是被动原因，但这部分人一旦成为体育人口，就具有较强的稳定性。从表2-5中显示的居民患有慢性疾病和肥胖发生情况来看，体育人口所占的比例最高，这与我国体育人口的高龄化趋势有关，也正是这部分人迫切参加体育活动的重要原因。

表2-4　体育人口与偶尔参加者参加体育活动原因对比

原因	体育人口占比	排序	偶尔参加者占比	排序
为了增强体力和健康	83.72%	1	61.56%	1
为了散心解闷、消遣娱乐	47.97%	2	55.91%	2
为了和朋友、同伴交流	33.65%	3	39.42%	3
在学生时代就喜欢体育活动并养成习惯	32.52%	4	17.75%	6
为了提高自己的运动能力	30.52%	5	18.23%	5
为了精神的修养和情绪的改善	23.99%	6	34.60%	4
感到运动不足	8.62%	7	12.49%	7
陪伴子女参加体育活动，使他们能有健康的身体	5.73%	8	10.11%	8
为了美容、减肥、保持体型	5.58%	9	10.37%	9
因为体弱多病	4.52%	10	2.76%	11
与家人接触	1.53%	11	6.63%	10

表 2-5　居民患慢性病情况比较

项目	患慢性病者占比
体育人口	23.12%
偶尔参加者	12.93%
非体育活动参加者	22.73%

参加体育活动对体育人口的身心有一定程度的改善。从对自己身体、精神的疲劳程度的评价，以及对体力衰退情况的评价等都可以看出，体育人口优于偶尔参加者和非体育活动参加者，见表 2-6。这说明，体育人口在参加体育活动后，保持了较好的自我感觉。

表 2-6　居民身体疲劳自我感觉情况比较

项目	合计	很有感觉	有感觉	感觉不大	没感觉	不清楚
体育人口	100	6.63%	17.39%	19.69%	54.14%	2.15%
偶尔参加者	100	5.37%	18.66%	26.52%	48.85%	0.59%
非体育活动参加者	100	12.51%	29.39%	16.32%	41.49%	0.29%

第二节　体育人口概述

一、体育人口的概念

体育人口是经济和社会发展到一定历史阶段的人口现象和体育现象。体育人口是一项重要的社会体育指标，它反映了人们对体育的参与程度及亲和程度，它既是经济和社会发展程度的一个标志，也是制订社会发展规划与进行发展战略研究的重要依据。体育人口是随着大众体育热潮的兴起而被采用的一个新概念，可以用来研究人口质量和社会生活质量。因此，这个概念受到社会体育学研究的广泛重视。

体育人口，指在一定时期、一定地域，经常从事身体锻炼、健身娱乐，接受体育教育、参加运动训练和竞赛，以及其他与体育事业有密切关系的、具有统计意义的一种社会群体。它是以体育为重要特征，具备人口规模、人口结构、人口空间分布三要素的一种特定类型的人口。而直接参加各种身体活动，即具有体育实践经历，是体育人口的基本特征。体育人口通过采取某种特定的身体练习方法，达到增强体质，促进身心健康，提高运动技能的目的，改善提高生活方式，促进全面协调发展的目的。

体育人口还指经常从事身体锻炼、健身娱乐，进行专项训练，以及其他与体育事业有关的人在总人口中的数量和比例。因为各测算单位的总人口数量不同，经常用体育人口占总人口的百分比来表达。

统计体育人口的总数固然重要，而对体育人口的年龄分布、性别分布、地域分布和职业分布做深入的探讨更有价值，它可以为进一步发展体育人口提出具体方案。例如，体育人口的年龄分布与总人口的年龄构成关系很大，有的国家属于老年人口型（即 15 岁以下人口在 30% 以下，而 60 岁以上人口在 10% 以上），有的国家属于青年人口型（即 15 岁以下人口在40%以上，65岁以上人口在5%以下），也有的国家属于中间型。不同人口类型的国家，就会出现不同类型的体育人口分布。中国青少年数量很大，因此发展体育人口的重点应是青少年。近年来，世界各发达国家中的老年体育人口数量增加很快，老年体育勃然而兴。再如，对我国部分职工体育人口的调查表明，处在发育阶段的青壮年数量较少，这就提醒相关部门应有意识地加强这方面的工作，因为他们的健康关系着民族的遗传素质。总而言之，对年龄分布的研究能使我们把握社会各年龄段人口受体育教育的状况，根据他们对体育的态度和爱好的体育项目来确定为满足他们的需要，社会应提供的场地、器材的数量和品种。

体育人口性别分布的调查，主要着眼于妇女体育的开展。我国女职工体育人口较男职工少，约为男职工的1/3。就社会总人口而言，妇女体育特别是农村妇女体育更为薄弱，这是需要引起重视的。

对于体育人口地域分布的研究主要侧重于城乡体育人口、经济发达地区和经济落后地区体育人口的比较。根据我国人口分布的实际情况，体育人口以大中城市和沿海城市为中心，呈现梯度减少的趋势，要提高我国体育人口数量，这是不可回避的问题。此外，不同地理环境、气候条件对体育人口的增长和发展都会产生一定的影响。

二、体育人口的判定标准

体育人口的判定作为一个操作性的概念，必须制订出对体育人口量化的、可操作的判定标准，以便体育人口的测度、研究、统计与其他国家比较。由于决定体育人口的参数比较多［如参与者自身的初始健康状况、年龄性别、选择活动的方式、活动频度（即每周锻炼的次数）、每次活动时间、活动负荷强度、活动后的实际健身效果等］，制订客观、科学又便于操作、统计的统一判定标准非常困难。

在制订我国体育人口的判定标准时，应该考虑以下几个因素。
（1）国际上多数国家通行的标准。
（2）我国制订体育人口判定标准的目的。
（3）我国社会体育的实际状况，包括我国人口的营养状况、健康状况、参加体育活动的条件，以及体育活动所采取的方法等。

（一）体育人口判定的国际经验

国际上在判定体育人口时通常使用以下方法。

1. 单一粗放式判定标准

将每周参加一次身体活动的人群都划归为体育人口，在判定上仅有很宽松的身体活动频度要求，没有时间和强度标准，如瑞典中央统计局于1994年统计欧洲国家成年体育人口时采用的就是这个标准，也有的国家将参加各种体育协会或俱乐部活动的固定成员计入体育人口数量。

2. 三元定性判定标准

制订每周进行身体活动的具体量化标准，将达到判定标准者划归为体育人口。具体量化标准有频度、时间、强度。使用这个判定标准的国家有加拿大、英国、美国、澳大利亚等，其中加拿大、美国等的判定标准是每周参与身体活动3次以上，每次活动时间30分钟以上，每次活动主观运动强度中等以上。英国、澳大利亚等国家的判定标准是每周参与身体活动3次以上，每次活动时间20分钟以上，每次活动主观运动强度中等以上。可以看出：这种判定标准是一种具有频度、时间、强度等量化指标的判定标准。

3. 三元等级判定标准

从身体活动的频度、时间、强度三方面将体育人口分为四个等级，达到相应的等级即判定为相应的体育人口，使用这个判定标准的国家是日本。日本将每年参与身体活动1次以上、每周参与身体活动不满2次的人群划为一级体育人口，将每周参与身体活动2次以上的人群划为二级体育人口，将每周参与身体活动2次以上、每次活动时间30分钟以上的人群划为三级体育人口，将每周参与身体活动2次以上、每次活动时间30分钟以上、每次活动的主观运动强度中等偏上的人群划为四级体育人口，其中又将二级以上的体育人口称为积极型体育人口。日本的一级体育人口判定标准大体相当于瑞典体育人口判定标准，二级至四级体育人口判定标准相当于英国、美国等国家体育人口的判定标准。

这三种判定方法的效度和区分度逐次加强，操作难度逐次增加，对体育人口的要求逐次提高，要求锻炼达到的实际效果逐次增强。

（二）确定符合我国国情的体育人口的判定标准

体育人口的三元等级判定标准，避免了给体育人口做是与非的定性划分，提出了多重标准，具有较好的研究价值，但在测度和统计上，多重标准容易造成麻烦和混乱，尤其在我国整体人口数量很大、体育教育水平和社会统计水平很低的情况下，采用这个判定标准不太实际。所以，我国适合采取三元定性的判定标准，而关键在于锻炼时间、活动频度和活动强度这三个指标如何确定。

（1）每次身体活动时间为30分钟以上。

（2）每周身体活动频度为3次以上。

（3）每次身体活动强度中等程度以上。

由于我国地域辽阔，各地地理、气候的特征差异较大，各民族的风俗习惯迥异，经济和体育发展程度也不同，以上体育人口的判定标准只是一个基础的数据，这个数据不适用于就学阶段的青少年，他们应该继续执行每天参加1小时体育活动的标准。在执行双休日制度后，人们的生活节奏加快，余暇时间趋于集中，一部分城市职工开始将锻炼、娱乐、野营、旅游、比赛、表演等活动集中到周末时间进行，关于这类人群中的体育人口如何统计，还需要作深入研究。此外，农民参加体育活动受季节的影响较大，对于农民中体育人口的计量方法，也需要进行进一步研究。在这一基本判定标准之外再设立一些符合多种人群实际体育参与状况的标准也十分重要。

三、我国体育人口的判定标准及基本情况

自中华人民共和国成立以来，社会体育事业有了史无前例的发展。目前，我国成人体育人口的发展规模是执行党和国家关于发展社会体育方针政策的必然结果。中国曾是一个农业大国，有相当多的居民还没有摆脱贫困和愚昧的困境，开展社会体育的各方面条件都

很差，在短短的50年内使体育人口达到现有水平是很不容易的，这充分证明了社会主义制度是发展社会体育的根本保障。

进入社会主义市场经济时代，我国社会体育的体制和运行机制都发生了一系列根本性变化，社会体育在体育改革中逐步走向社会化、科学化、产业化和法治化，社会体育从过去的福利型体育向经营与福利相结合的方向发展，从过去的政府、单位办社会体育向企事业单位、社会团体、社区、家庭、个人举办、资助体育健身活动的方向发展，社会体育逐渐变得形式多样、内容丰富，居民群众参加体育活动的积极性、自觉性大幅提高。在社会体育改革的过程中，随着《全民健身计划纲要》的颁布和《社会体育指导员技术等级制度》等一系列措施的出台，社会体育得到了进一步的发展。体育部门调整了资金支出结构，逐步增加了社会体育事业费在预算中的支出比例，逐步改变了只重视竞技体育，忽视社会体育的观念和做法，社会体育得到了较快的发展，应该说中国目前的体育人口数量虽然还不够大，但其质量有了很大的提高。

由于体育人口的数量对国家的经济和社会发展状况有较大的依赖性，而体育人口数量的增长有较强的稳定性，如日本多年来的体育人口无大幅增长；又由于中国人口数量很多，且正处于实现工业化、都市化的过程当中，人口流动性很大，人们的社会注意力主要集中在经济活动上，给体育人口的增长带来很多困难，成年人体育人口的数量可能只是缓慢增长，今后体育人口增加的主力仍是老年人。

但是，今后在发展体育人口时要注意年龄结构和职业结构的合理性，因为如果随着体育人口的自然增长仍然是以老年人为主（其中寡居妇女占较大比例），非健康人群为主，体力劳动者为主，这对整个中华民族体质的改善和劳动人群素质的提高是非常不利的。因此，在制订体育人口的发展战略时，必须着重加强职业人群（特别是知识分子）、中青年人群（特别是女职工）的体育工作，才能使中国体育人口的结构趋于完善与合理。

（一）我国体育人口总量

相关数据显示，1996年，我国16岁以上的体育人口为15.46%。若将7~15岁的在校学生以及武装力量等统计在内，我国体育人口的总数约为31.20%，低于工业发达国家，而高于发展中国家的平均水平。1996年，我国有35.48%的成年人参加了至少一次体育活动，64.52%的成年人一次体育活动都没有参加过。2001年，我国的体育人口数量有所增加，经过推行全民健身计划，体育人口增加了近3个百分点，达到18%以上。

（二）我国体育人口结构

1. 性别结构

截至2023年，我国体育人口中男性占62.13%，共0.86亿；女性占37.87%，共0.54亿。女性体育人口的比例高于体育参与者的比例（35.67%），见表2-7。这说明，男性中偶尔参加体育活动的人数是高于女性的，而女性对体育活动的参与具有更强的稳定性，中老年妇女尤为稳定。这一点也印证了在我国城乡各体育活动站点中，女性参与情况高于男性的事实。

表 2-7 体育人口与体育参与者性别结构差别

项目	男性	女性	合计
体育人口	62.13%	37.87%	100%
体育参与者	64.33%	35.67%	100%

2. 年龄结构

截至 2023 年，我国体育人口的年龄结构呈年轻化的基本特征。25 岁以下的体育人口占体育人口总数的 30.47%，共 0.43 亿。在各年龄段的体育人口比例中，16~25 岁最高，61~65 岁次高，但到 26 岁后骤然下降，下降幅度近 10 个百分点，41~45 岁降至最低（4.82%），41~45 岁反弹，见表 2-8。

表 2-8 体育人口的年龄结构

年龄/岁	16~20	21~25	26~30	31~35	36~40	41~45	46~50	51~55	56~60	61~65	66~70	71~75	75 以上
体育人口	15.33%	15.14%	6.03%	7.35%	7.85%	4.82%	6.31%	7.28%	7.86%	9.57%	6.85%	4.13%	1.50%

我国体育"两头热，中间冷"的状态已持续很长时间，20 世纪 80 年代初以来的多项地区和人群研究都证实了这一状况。这种年龄结构不是体育人口的理想年龄结构。这种状况的形成是中国社会、家庭结构所致，在短期内难以改变，也无法靠体育工作彻底解决这一问题。然而，青壮年人群对体育的疏远既不利于我国劳动力主体的健康状况，也不利于人们体质的改善。

3. 民族分布

截至 2023 年，汉族在体育人口中占 95.28%，约为 1.33 亿；其他民族占 4.72%，约为 0.07 亿。由于其他民族约占总人口的 8.99%，他们在体育人口中所占的比例低于占总人口的实际比例。

4. 城乡比例

截至 2023 年，在 1.40 亿体育人口中，城市占 55.11%，约为 0.77 亿；农村占 44.89%，约为 0.63 亿。我国农村人口占总人口的 73.92%，这是我国体育人口数量偏少的基本原因。因此，增加体育人口的工作重点应该放在广大农村地区。

5. 职业结构

体育人口中有职业的占 55.66%，约为 0.78 亿；无职业者占 44.34%，约为 0.62 亿；无职业者中离退休人员占 45.16%，约为 0.28 亿。以上情况说明，影响群众参与体育的社会条件中时间是一个重要的因素。离退休老年人有过去的职业基础，有稳定的经济保障，有强烈的健康需求，有较高的社会地位和影响力，又有充足的时间，所以他们必定在体育人口中占有很大的比例。事实上，自改革开放以来，社会体育中离退休人员对体育的参与在社会和家庭中起到了重要作用。

在各种职业中，工人中的体育人口占本职业人口的比例最高，达到 25.4%，其次是服务人员和管理人员，再次是知识分子，最少的是农民，仅占农民总数的 7.13%。而知识分子中的体育人口较少是一种极不合理的现象。在"科技是第一生产力"的时代，作为知识载体的知识分子，体育人口占比偏低，对经济和社会发展是非常不利的。他们体育活动参与不足的情况主要是由于这一人群的工作负担最重，没有充足的时间，但这一情况正在逐渐改善。《全民健身计划纲要》中提出，"积极为知识分子创造体育健身条件，倡导和推广适合其工作特点的体育健身方法，重视对中高级知识分子进行健康检查和体质测定工作"。现实再次提醒我们，要重视知识分子的体育活动参与问题，切实为他们参与体育活动创造条件。

第三节 非体育人口

非体育人口，即没有达到体育人口判定标准的人群可以分为两类，一类是参加过体育活动，但是在锻炼的时间、频度或强度方面不能达到体育人口的判定标准；另一类是非体育人口，即不参加体育活动的人，他们在一年中从未参加过体育活动，对这类人进行研究，有助于提高对中国社会体育发展现状的认识，也有助于社会体育管理重点的确认。

一、非体育人口的特点

非体育人口包括偶尔参加体育活动人群和不参加体育活动人群。

（一）偶尔参加体育活动人群的一般情况

1. 性别结构

在偶尔参加体育活动的人群中，男性占比高于女性，而且高于体育人口中的男性占比，这说明中国城乡居民中男性参加体育活动的随意性高于女性，而女性的稳定性高于男性。这可能与中国男性人口的社会负担高于女性，社会机遇和文化活动机会多于女性，而女性的生活稳定性高于男性有关。中国男性对体育的参与热情总体上高于女性，但是女性一旦参与，则表现出对体育的执着和依赖，这也许与中国妇女的性格有关。

2. 职业结构

在偶尔参加体育活动的人群中，有职业者多于体育人口中的同类人群。这说明我国体育人口中无职业者所占比例很大，即社会上老年人的所占比例很大。同时，这也说明我国在职人员的体育活动相对薄弱，提醒我们要进一步加强促进企业体育活动、职工体育活动，以改善体育人口的结构。

在各种主要职业中，工人、服务人员中偶尔参加体育活动的人数比例小于体育人口中同职业所占比例，管理人员、科教人员基本持平，而农民中的偶尔参与者明显多于体育人口中同职业所占比例，这显然与他们的生产方式有关，他们受季节和农作物生长规律的制约，很难做到有规律地开展体育活动。

3. 受教育程度

偶尔参加体育活动的人群与体育人口相比，和受教育程度关系不明显。人们的受教育程度可以比较鲜明地区分出人们对体育的参与与否（体育的参与者与不参与者的划分），而对于参与程度（即体育人口和偶尔参加体育活动者的划分）的影响不大。这说明，教育可以从根本上让人们形成体育价值观念，体育的参与程度则要受到多方面社会因素的影响。

但有一个现象值得注意，就是偶尔参加体育活动的人群中到收费体育场馆去参加活动的比例大幅高于体育人口中这一人群的比例，由此可以说明这批人中有一部分利用节假日到收费体育场所进行一次长时间、集中的体育活动。

(二) 不参加体育活动人群的一般情况

1. 体育经历中断的年龄分布

截至2023年，在城乡居民体育经历中断的年龄区段中，20岁以下占50.68%，20~29岁之间占28.16%，即有78.84%的人在30岁之前就中断了自己体育经历。这说明两个问题：第一，学校体育在树立终身体育观念、养成锻炼身体习惯、教会锻炼身体的技术方法、培养体育兴趣爱好等方面，与学生进入社会后的体育环境有较大的差距，导致学生一进入社会就开始脱离体育，这给今后学校体育的改革提出了新课题。工作单位和社会上的体育条件、组织化程度远不如学校也是造成多数人中断体育经历的原因。第二，进入婚育阶段后，家庭负担明显加重，青年人把主要精力转向经济活动而忽视体育，这是造成中国社会体育参与年龄结构呈"马鞍形"发展的重要原因。

2. 居民体育经历中断的原因

居民不能参加体育活动的主要原因是缺乏锻炼时间、工作负担过重、没有兴趣、体育设施不足和经济问题等。这些都是发展中国家在社会体育方面普遍存在的问题。此外，还存在一些对体育功能的认识（如不需要锻炼和不宜锻炼）和自身的心理问题（如怕别人讥笑、认为不适合自己行为举止等），也影响了人们对体育的参与。

缺乏余暇时间的问题，在妇女和知识分子中较为严重，但比20世纪80年代已有了明显缓解。女服务人员、护士、纺织工人等对余暇时间的需求比较强烈。这类人中，有家庭负担和子女教育任务的女职工的余暇时间尤少。对待余暇时间问题时，很多人将缺乏余暇时间与不能合理支配余暇时间混为一谈，如人们看电视的时间较长。"没有时间锻炼"有时成为人们拒绝体育活动的一种借口。因此，在学校里开展余暇教育，在媒介上进行余暇知识宣传从而引导全社会合理、科学、文明地善度余暇，在社会体育中开展休闲体育活动，已经成为我们必须重视的问题了。

随着《全民健身计划纲要》的深入推动，体育设施不足和体育场所太远的问题越来越突出。在社会体育逐渐由单位体育向社区体育转化的过程中，社区缺乏体育场所的问题凸显出来，甚至成为阻碍社会体育发展的重要因素。另外，世界各国在推行大众体育时都将工作重点放在体育场馆建设和开放上，这一点值得重视。

3. 恢复体育参与的预期

（1）恢复体育参与的倾向。

在从未参加体育活动的人中，只有35.05%表示今后有参加体育活动的意向，有31.21%的人继续拒绝参加，还有33.74%不能做出决定。由此可以认为，社会体育组织工作的重点应该是有参加意向的人群，而社会动员工作的重点应是尚在犹疑中的人群。

（2）恢复体育参与必须解决的社会前提和个人因素。

部分中断体育经历又试图恢复的人，需要解决的主要问题有解决体育场地、器材和体育指导两大问题，他们个人则需要解决余暇时间、经济收入和某些心理障碍这些问题。值得注意的是他们很看重锻炼时的气氛和环境，需要有人一起活动，以克服自己的惰性，一部分人的体育参与需要一定的组织化管理。

二、影响成为体育人口的因素

社会体育参与是一种复杂的社会现象，受到各种因素的影响，而且这些因素是多层次的，影响的方式和影响的深度也大不相同。

（一）社会环境层面

1. 经济发展水平是社会体育的基本制约因素

社会体育的发展规模、水平和速度，取决于经济发展水平，经济发展能够为社会体育的发展提供物质条件，还会改善个人经济状况，并由此引发人的价值观念、思维方式、生活方式和行为方式的变化。经济发展对社会体育的发展的影响直接反映在对体育事业经费投入、体育场所设施建设和人们的体育消费水平等方面。

2. 政治是社会体育发展的基本保障

政治是国家最高层次的管理。国家性质决定了社会体育的领导权掌握在谁的手里，国家制度决定了人民享有社会体育的权利有多大，国家可以通过法律、行政和经济等多种手段推广社会体育，而国家对社会体育的积极倡导和积极支持可以营造社会体育发展的大环境，有力地推动社会体育事业的进步。我国的社会主义制度决定了社会体育具有坚定的社会主义性质，以及为人民服务和动员广泛参与的人民性。

3. 文化构筑了社会体育的社会文化氛围

体育与科学技术、教育、卫生、文学艺术、新闻出版、广播影视等都属于广义的文化范畴。社会体育的发展，必然受到文化中其他方面的影响。教育为社会体育做好终身体育的准备，为社会体育培养专业人才；科学技术为社会体育提供科学信息，提高管理水平和健身效果。社会体育只有与卫生、环境保护、营养等配合起来，才能真正达到增强体质、促进健康的目的；社会体育离不开大众传播媒介的积极宣传和鼓动，因为人们的体育价值观念通过传媒引导，科学的健身方法通过传媒推介，国家的各种方针政策和法律法规通过传媒深入人心。

（二）社会体育的管理层面

社会体育是体育的组成部分，其发展必然受到国家体育管理的影响，这种影响主要表现在社会体育的社会定位和社会体育资源的配置上。

1. 社会体育的社会定位

社会体育的社会定位，是指社会体育在提升国民健康水平、促进社会和谐、推动经济发展等方面发挥着重要作用，是社会主义现代化建设中不可或缺的一部分。在未来的很长一段时间内，我国将高水平竞技体育放在高于社会体育的位置上，社会体育"说起来重要,干起来次要,忙起来不要",社会体育在体育管理中处于不恰当的位置上。20世纪90年代以后,我国提出了体育工作要坚持社会体育和竞技体育协调发展的方针,把发展社会体育,推行全民健身计划,普遍增强人民体质作为重点。以此为标志,我国体育事业进入一个工作重点由竞技体育转向社会体育的新阶段。

2. 社会体育资源配置

社会体育资源投入包括人力、资金、物力、时间、信息等多个方面,其中心是资金投入。对社会体育的投入可分为政府投入和社会投入两部分,一部分是社会公共产品,具有福利的性质;另一部分是社会体育产业经营的结果。以我国目前的经济水平,对社会体育的投入仍然主要靠政府,社会投入所占比例很小。我国省、市、县三级政府机构经费来源中,组织社会体育活动的收入占总经费的比例不足1%,可见政府对社会体育的投入是至关重要的。但是在政府的投入中,社会体育投入过少仍然是一个突出问题,它严重影响了社会体育的发展。近年来,由于发行体育彩票,社会体育的活动经费有了大幅提升,用体育彩票的公益金建设了健身路径、健身长廊、健身中心,又开展了许多全民健身活动,培养了一批社会体育指导员。

3. 社会体育管理水平

现代化管理是提高社会体育发展效益的决定性因素之一,科技进步和管理水平的提高在根本上决定了我国社会体育发展的进程。"全民健身工程"等提出的社会筹集、造福人民、配合投入等一系列政策的实施,筹集了数以亿计的资金,短时间内在全国建设了一大批群众性体育活动场地。政策产生的巨大力量推动着社会体育各项工作的开展。宣传教育、法治建设、队伍建设、场地设施建设、科学研究、技术推广、人才培养等都是社会体育工作的重要方面,都需要加强管理。我国现有的全民健身体系是一个高度社会化、科学化、产业化和法治化的健身体系,涵盖全民健身的组织体系、竞赛体系、科研体系、健身方法体系、体质监测体系等方面。

(三) 社会体育参与的个体因素

影响群众参加体育活动的基本因素分析是研究影响全体被调查者(包括一年内参加体育锻炼的人和一年内不参加体育锻炼的人)参加体育活动的因素。1997年,我国对近8 000户城乡居民展开调查,因子分析结果见表2-9。

表2-9 影响群众参加体育活动因素的因子分析结果 ($N=7\ 502$)

因素名称	指标内容	因子载荷	因素解释量	特征值
体育观念因素	1. 参加体育活动是最喜爱的余暇活动之一; 2. 为了健康,平时留意参加体育活动; 3. 知道我国推行全民健身计划; 4. 参加锻炼怕人们不理解、讥笑,需要同伴; 5. 家庭消费支出应包括体育消费	1.000 0 0.996 6 0.810 6 0.717 2 0.607 0	19.44	5.249 7
个人需求与条件因素	1. 锻炼需要解决余暇时间问题; 2. 锻炼时间固定,有规律; 3. 为了消遣、娱乐而参加锻炼; 4. 为了健美身心而参加锻炼	1.000 0 0.980 1 0.943 3 0.867 6	9.32	2.517 7

续表

因素名称	指标内容	因子载荷	因素解释量	特征值
社会环境条件因素	1. 推广锻炼方法，加大体育知识宣传； 2. 健全体育法规政策，保障公民体育权利； 3. 专人指导开展体育活动； 4. 居民区建立配套体育场所； 5. 开放体育场馆	1.000 0 0.940 5 0.925 0 0.830 2 0.707 2	5.92	1.599 1

1. 体育观念因素

影响群众是否参加体育活动的第一因素是体育观念因素，包括人们的体育爱好、健康意识、对国家体育大事的关注、对体育的认同及对体育消费的理解等。人的行为是受观念意识支配的，人们在解决了生活温饱之后能不能在余暇时间参加体育活动，关键在于人们的体育观念。一个人如果有了对体育的正确理解和爱好，就可能在时间少、条件差的情况下，挤时间创造条件去参加体育活动。

2. 个人需求与条件因素

影响群众是否参加体育活动的第二因素是个人需求与条件因素，包括充裕的余暇时间、有规律地进行锻炼、为了消遣娱乐而锻炼、为了健美身心而锻炼等。人的行为是由人的需求引起的，但使需求转化成行为，还要具备一定的条件。对当前中国城乡居民个人参加体育健身活动而言，基本条件就是余暇时间。只有当人们既有较为明确的体育需求，也有较为充裕的余暇时间时，才可能参与体育活动。

3. 社会环境条件因素

影响群众是否参加体育活动的第三因素是社会环境条件因素，包括推广锻炼方法、宣传体育知识、健全体育法规政策、建设社会体育指导队伍、居民区建设体育场地设施、开放公共体育场馆等。人们参与体育健身活动，不仅取决于个人观念、个人需求、个人条件，也取决于社会环境的容纳程度及其所能提供的保障条件，归根结底取决于后者。当人们想参与、能参与之后，就必须解决参与什么、怎样参与、在哪儿参与、谁来指导等一系列问题。没有这些基本保障条件，人们的体育需求和愿望就难于转变为体育实践，即使一时参与了，也难以坚持。

人们在参与社会体育的过程中表现出程度上的差异，即有的坚持经常参与，成为体育人口；有的偶尔参与、被动参与，而这些差异的形成基于6种因素，排位顺序是社会环境条件、家庭环境条件、个人身体状况、个人生活方式、个人经济条件、个人社会特征。

影响体育锻炼者参加体育锻炼程度的因素是多方面的，根据影响程度的大小，这些因素可划分为三个层次。第一个层次为社会环境条件；第二个层次为家庭环境条件和个人身体状况；第三个层次为个人生活方式、个人经济条件和个人社会特征。上述排序与分层结果反映出在我国目前经济水平和社会条件下，影响人们体育锻炼程度最主要因素的是社会环境条件问题，然后是家庭环境条件因素和个人身体状况因素。而个人生活方式、个人经济条件和个人社会特征等因素对体育锻炼程度的影响则是次要的，特别是个人社会特征对体育锻炼者参加锻炼活动多少的影响是相对最小的。

思考题

1. 试述体育参与的社会意义。
2. 影响社会体育参与的基本因素有哪些?
3. 什么是体育人口?中国对于体育人口的判定标准是什么?
4. 试述中国体育人口和非体育人口的现状。

第三章　社会体育与社会发展的关系

> **内容提要**
>
> 社会发展是生产方式与生活方式的总和。生产方式即人们需要的满足方式，主要包括生产力和生产关系两个要素。作为社会实践活动的组成部分，社会体育受到社会生产方式的影响和制约，又对社会生产方式的发展具有良好的促进作用。生活方式是指人们在某种价值观念指导下的各种生活活动形式，包括人们的物质生活方式、精神生活方式、政治生活方式和社会生活方式。生活方式与社会体育有着密切的关系，起到相互促进的作用。

第一节　社会体育与生产方式

一、生产方式对社会体育的影响

对于生产方式的作用，马克思曾经指出："物质生活的生产方式制约着整个社会生活、政治生活和精神生活的过程。"体育作为人类的一种社会实践活动，它的发展与社会的发展有着同步的基本节奏，与人类的经济活动有着最根本的因果关系。生产方式对体育的发展变化起着决定作用并由此制约着人类社会各历史时期体育的内容、性质及特征。下面我们将重点对不同生产方式下社会体育意识的演变进行简要的分析。

（一）无体育意识阶段

由于生产力水平极其低下，人们为了温饱而消耗了全部精力，这时还不能产生脱离生产活动的行为，形形色色的身体活动，都紧紧围绕着生存这一目标，社会体育和生产劳动融为一体，二者密不可分。此时，人们对体育处于无意识的状态。

（二）经验体育意识阶段

随着生产力的发展，劳动生产力有了长足的发展，生产出的产品除消费外，有了剩余，由此便产生了物质生产和精神生产的社会大分工。社会分工是社会发展的必然趋势，它产生的原因一方面是随着生产更加社会化，需要专门的管理人才和劳动者掌握一定的劳动技能及拥有劳动所必需的良好的身体素质；另一方面是随着生产技术日益高级和社会经济的丰富，需要有人专门地研究和传授以确保劳动者掌握劳动技能及具有健壮的体魄。脑体劳动分离之后产生了学校，继而出现了学校体育教育并形成了一定体系的学校体育。这时人类虽已意识到体育的作用，但尚处于经验性认识水平，对体育真正的价值和作用还缺乏科学理性的认识。经验体育意识阶段主要表现为两种形式：一是政治教化型，指把体育作为政治斗争的工具，被统治阶级垄断；二是自由型，指国家对体育采取自由发展的策略，允许社会各方面自主开展体育活动，培养各种体育人才。

（三）理性体育意识阶段

当人类进入以大工业生产为基础的时代后，科学从劳动过程中分化出来，获得极大发展后转而实现生产科技化。其结果一是使自然力代替了人力，系统性的技术、知识代替了个人的零散经验，即使拥有再多经验的工人在机器生产面前也会变得微不足道；二是科学使生产的管理过程程序化、技术化，使生产变成人体感觉器官无法把握的过程；三是科学赋予生产以革命的本质，不断剔除小生产者狭隘经验的束缚，使生产力迅速发展。大工业生产的机械化、自动化、科学化程度不断提高，直接作用于劳动对象，使体力劳动的比例不断下降，劳动过程逐渐智力化，导致综合性体力劳动转变为专业性体力工作，逐渐发展为脑力劳动增加而体力劳动减少，文明程度提高而体质下降。此时，积极追求健康的体育就以崭新的面貌出现了。人们意识到体育在劳动力再生产中具有重要作用，而体育则是提高劳动力质量必不可少的条件。

（四）和谐体育意识阶段

随着机器大工业这种生产方式进一步发展，世界经济发展出现了新的变化，人类社会进入了知识经济时代。越来越细的专业化社会分工使全身性的传统劳动变为身体局部性的单调运动，由此促成体育的思想和理论系统化，体育的方式和手段整体化、多样化，让体育成为在人类社会中相对独立的一种文化形态。

这时，社会体育已成为人类社会的一种自觉行为，其能合理地把体育与人类发展、社会发展、文化发展有机协调起来，从科学的角度把握体育的发展，社会体育的本质得到充分的体现。由于人们体育意识的增强，许多竞技和游戏被视为体育手段，竞技普遍采用与日常身体活动不同的形式，具有很高的锻炼价值，是社会体育接纳它的重要理由。有关健身、娱乐的许多形式被社会体育吸收，社会体育的手段由简单到复杂，由单调到多样，由分散到集中，由实用强身到娱乐健身，完成了从量变到质变的过程，向着和谐体育意识的阶段发展。

需要特别指出的是，除了社会体育意识外，生产方式还会对社会体育的方法、手段、场地、器材、时间、空间、信息、传播、经费等方面产生影响和制约作用。

二、社会体育对生产方式的作用

生产方式是人们满足自身需要的方式。而任何方式或手段都是将目的对象化的过程，具有实践的特性。同时，实践又是主体的行为，实践方式不过是主体能力的表现，手段实际上就是主体能力的物化形态，所以，主体用来实现特定目的的手段，从根本上说是由主体的素质决定的。原始冶炼术可以表明原始人的最高智商，与冶炼术一起发展的分工、交换等社会现象则表明原始人的社会生活才能。无疑，这些才智和道德是受到生产方式的严格制约，随着生产方式的发展而发展的。

不同生产方式影响下的社会体育对生产方式所要求的主体的素质都会产生不同程度的促进作用。例如，在工业化社会，人们在体育对生产方式的促进作用方面已经有了如下认识。

（1）社会体育可以培养劳动力。

青少年经常参加体育锻炼，有利于形成良好的身体形态，提高运动能力，可以成为合格的劳动力。

（2）社会体育可以保护劳动力。

经常参加体育锻炼，能增强对自然的适应能力和对疾病的抵抗能力，可以避免由于职业特点对身体产生的不良影响和对身体局部机能的损害，降低疾病发生的概率。

（3）社会体育可以修复劳动力。

在工业化社会里，为了满足社会经济的发展，工业得到快速发展；同时，也不可避免地出现工业污染物造成的环境污染问题，增加了人群患病的可能性。另外，随着生活方式的改变、精神压力的增加、生活节奏的加快、生活水平的提高，人们开始出现运动减少、营养过剩的问题，许多文明病（如肥胖、高血压、冠心病、神经衰弱、消化不良、糖尿病等）也给人类的健康造成了危害。而适当的体育锻炼就可以治疗上述疾病，使身体得到不同程度的康复。

（4）体育可以提高劳动生产率。

体育活动能改善人体各器官系统的功能，增强肌肉的力量，使劳动者体力充沛，精力旺盛，提高工作效率。

（5）体育可以"恢复"劳动力。

体育是一项有利于心理健康的娱乐活动，无论是参加体育活动还是观赏体育比赛，都可以得到精神上的享受。在工业化社会中，生产的电气化、自动化、机械化均使劳动者的精神和注意力经常处于高度集中的状态，容易产生疲劳。体育锻炼有利于消除精神上的疲劳。

（6）体育行业能够促进经济发展。

体育产业是工业化社会的产物，它是主要满足人们的精神文化、健身等需要的一种产业。社会的分工和经济的发展推动体育产业从非独立产业逐渐成为独立产业，使该产业在国民经济中发挥特定的功能，同时促进国民经济其他部门的发展。

第二节　社会体育与生活方式

一、影响生活方式的因素

（一）自然地理环境

自然地理环境是一个地区中人们生产方式的出发点。人们赖以生存的地理、气候环境给人们提供基本的生产、生活资料，绝大多数人不可能超越这些基本条件去构筑生活方式。因此，在同一个地区，人们的生活方式是大同小异的。

（二）生产方式

生产方式是人们决定采用何种生活方式的基本前提。人们的生产活动创造了生活活动的基本条件，为人类提供了最基本的、最简单的生活模式，即吃饭、工作、休息。生产方式的不同造成了人们生活方式的差异，如体力劳动者与脑力劳动者的生活方式迥异；游牧民族形成了以肉食为主的膳食结构，农耕民族则长期以麦黍为主要食品；而同属于农耕民族的人，因稻作生产方式与麦作生产方式而形成的生活方式也不尽相同。

（三）社会制度

不同的社会制度形成了不同的人际关系，如奴隶社会的奴役与被奴役的关系，封建社会的人身依附关系，资本主义的雇佣关系等都形成了某个历史时期典型的生活方式。在我国，由于自然经济、计划经济和市场经济条件的影响，人们的生活方式存在显著的差异。

（四）经济发展水平

经济发展水平不仅决定家庭的收入水平，也决定人们的生活水平。生活水平是生活方式的一个重要评价指标。生活水平是指在某一社会生产发展阶段中，居民用以满足物质、文化生活需要的社会产品和劳务的消费程度。经济状况不同的国家，其国民消费方式也不同。我们常常用恩格尔系数来判断国家、家庭和个人的富裕程度。

（五）文化传统

民族文化传统对生活方式产生着深远的影响。文化传统使各民族的生活方式呈多样化的格局，使生活方式的特点更加突出；因此形成了不同的生活风格。不同的文化背景使人们的兴趣、爱好、价值取向不同，从而使生活习惯、风度、气质也会有所差异，这些都会影响他们的生活方式。

总而言之，不同的自然社会环境和历史文化传统，使生活方式发生了各种各样的变化，于是长期共同在特定环境中生活的人群就会形成特定的生活方式。

二、生活方式中影响社会体育的要素

（一）余暇时间

人们一般用时间来量度生存活动的过程。按照一昼夜的生存活动周期，可以把人一天

的全部时间支出分为工作（学习）时间和业余时间。工作（学习）时间是为生产和扩大再生产社会生活的物质和精神条件所必需的那一部分时间。

业余时间的组成比较复杂，它不等于余暇时间，包括与工作有关联的时间（如上下班的路途往返）、满足生理需要（睡眠、吃饭）的时间、家务劳动时间和余暇时间。

余暇时间，又称自由时间，指在一昼夜的全部时间里除去一切必要时间后所剩余的那部分由个人"可以自由支配的时间"，这种时间不能被生产劳动占用，而是用来娱乐和休息的，其在人类创造精神文明方面起着重要的作用。余暇时间的长短和支配余暇时间的质量直接影响人们的生活方式。余暇时间也是人们参加社会体育活动的首要条件。

（二）生活节奏

人类社会是一个有意识的社会有机体。随着人类对自然界的开发，沿着广度和深度两个维度发展和人类社会外部环境的日益"人化"，社会结构变得更加复杂和多样，节奏也越来越充分展现出由慢到快的变化趋势。生活节奏加快是我们获得越来越多余暇时间必须付出的代价，生活节奏加快的积极意义在于提高了生命的效率，使尽可能多的社会成员通过快速配合为社会创造出更多的物质财富和精神财富。生活在快节奏环境里的人会精神振奋、生活充实、朝气蓬勃，因此，快速的生活节奏受到人们的欢迎。然而，生活节奏的加快也确实会给不适者带来许多健康方面的麻烦，这一点应该引起人们的重视。社会体育是人们顺应生活节奏变化，调节因生活节奏加快而造成种种身心不适的重要手段。

（三）生活空间

在现实生活中，每个人、每个家庭都有一个属于自己的生活空间。生活空间是生活方式中不可忽视的一个要素，也是决定生活质量能否提高的重要前提。当生活空间过于狭窄的时候，就会感觉拥挤，产生封闭感、惩罚感，然而，生活空间过大，人们也同样会不适应，人们会感到空旷、孤独、失去自由，所以生活空间必须适度。

（四）生活消费

生活消费是指使用物质资料以满足人们的物质和文化生活需要。消费是人的本性，人们要想生存、享受和发展，就必须搞好生活消费。消费是社会再生产过程中的一个环节，是人们生存和恢复劳动力必不可少的条件。消费是由消费水平、消费结构、消费爱好、消费方式、消费倾向等方面组成的。其中，与社会体育关系较大的是人们的消费水平、消费结构和消费爱好。

消费水平是指家庭占有社会产品和劳务的多少。它与家庭的人均收入和总收入有关，也与物价水平有关。消费水平直接关系到人们对体育的投入，因此决定了国家、地区和家庭中社会体育的规模和发展程度。

消费结构与社会体育的关系极为密切。消费结构是指人们在消费行为中，所消费的不同类型消费资料的比例关系。体育在消费结构中的地位不仅取决于消费水平，而且还与人们的体育价值观念和体育态度有关。

体育用品消费与人们的收入水平、文化程度、对体育运动的认识度及参加体育活动的积极性等许多因素有关。不同收入水平、不同文化程度的家庭其体育用品消费的程度和比例也有所不同。这种区别表现为：收入水平越高的家庭，体育用品消费所占的比例越大；文化程度越高的家庭，体育用品消费支出的额度越高。

（五）行为习惯

人们的行为习惯是生活方式的重要组成部分，也是生活方式的外部体现。人们的行为习惯有优劣之分。良好的行为习惯促进身体健康，有利于人们对体育的参与；不良的行为习惯降低健康水平，抑制人们对体育的参与。不健康的生活方式主要表现为酗酒、吸烟、吸毒，生活无规律、营养失衡、体育运动不足等不良的行为和习惯。

参加体育活动本身就是人们一种重要的行为，人们的体育兴趣爱好、体育习惯和体育行为也是生活方式的重要构成因素。

三、生活方式的转变对社会体育的影响

生活方式指人们在某种价值观念指导下，各种生活活动的形式，它包括人们的物质生活、精神生活、政治生活和社会生活。生活活动指人们的行为，即是在一定的空间与时间中，人们为了达到一定的目的，利用可以取得的物质条件和社会条件而采取的种种行动（包括为了与别人配合行动而必不可少的语言）。因此，生活方式是个人或群体在生产实践活动过程中，长期共同在特定生活环境中形成的全部活动模式。

生活方式是社会整体结构及其运行状况具体而生动的反映形式，研究它有助于人们了解社会运行的规律。生活方式是一个内容丰富、层次复杂、形式多样、内在联系密切的领域，因此它是社会科学研究的重要范畴。生活方式又可以分为劳动生活方式、学习生活方式、家庭生活方式、消费生活方式和休闲生活方式等类别。其中，与社会体育关系较大是家庭生活方式、休闲生活方式和消费生活方式。

体育与生活方式的关系引起了人们的高度关注，一些新的概念正在形成，"体育进入生活方式""体育生活方式""生活体育"等成为不少国际组织的行动纲领以及许多国际会议的研讨主题。《全民健身计划纲要》中明确指出，全民健身活动对改善生活方式、提高生活质量具有重要意义。

1. 生活节奏加快引起的种种困扰

生活节奏的加快，在给社会成员带来好处的同时，也确实会给不适者带来许多健康方面的问题，这一现象引起了人们的重视。生活节奏的加快对于整个社会来说，具有不可逆转的性质，因此，尽管快节奏生活有悖于一些人的生理习惯，但人们必须主动适应社会生活节奏，并与之同步。快节奏生活给人们造成的抵触、恐惧、怨烦和焦虑等心理障碍，使各种心理疾病的发病率迅速上升。如何通过社会体育这个减压器、缓冲器来减轻社会压力，已成为亟待研究和解决的问题。

2. 疾病谱变化提示生活方式的转变

疾病谱的变化提示，在生活方式的转变的同时必须注重社会体育的注入。由于生活方式的变化，特别是膳食结构的变化，以及人们体力支出的减少，我国城镇居民的疾病死亡原因发生了本质的变化，从20世纪五六十年代的营养性疾病、新生儿疾病、传染病、呼吸系统疾病转为20世纪90年代的恶性肿瘤、脑血管疾病、心脏病等文明病。这一转变使社会体育的目的、任务以及方法手段都面临严峻的考验。因此，如何根据居民疾病死亡原因重新认识社会体育的重要性，如何根据中国城乡居民的身体变化制订新的健康计划和锻炼方案，都是社会体育的理论研究者和实际工作者必须研究的问题。

四、亚健康与社会体育

(一) 亚健康的定义

亚健康是自感不爽，检查无病的，介于疾病与健康之间的一种身心状态，又称第三健康状态、灰色健康、亚临床期、临床前期、前病期等。亚健康是国际医学界在20世纪80年代提出的医学新概念，是医学方面的一大进步，标志着医学不再用二分法将人简单地区分为病人与健康人，而是用一个连续的模式表示人的健康程度，也就是在病人与健康人之间划分出了一个亚健康的群体。据世界卫生组织一项全球性的调查，全世界真正健康的人仅占5%，患病的人也只占20%，而75%的人处于亚健康状态。亚健康人群在现代社会有逐年增加的趋势，其症状是：食欲不振、疲乏无力、失眠多梦、烦躁、易发怒、健忘、胸闷、心悸、头疼、头晕、感觉迟钝、注意力不集中、记忆力下降、思维和想象能力降低、偏执、消极悲观、情绪低沉、犹豫不决、容易沾染坏习惯等。现代生活综合征、双休日综合征、空调综合征、大楼综合征等形形色色与现代生活有关的病症都属于此列。

亚健康状态是一种动态的状态，它不会停留在原有状态中，其可能向疾病状态转化，这是自发的；或者可能向健康状态转化，这是需要人自觉的，即需要付出代价和努力的。这一庞大人群不可能全部拥进医疗机构，也没有必要都去接受医生的诊治。他们应该选择体育运动，而健身运动、消遣娱乐恰恰是治疗亚健康状态最积极、最有效、最经济的一种手段。

(二) 引起亚健康的主要原因

1. 环境破坏

今天的人类必须面对以下事实：物种灭绝，空气、土壤和水质污染，让人惊骇的沙漠化，这些给人类的健康带来了许多隐患。

物理和化学的技术手段虽然把我们的生活提高到了百年前想象不到的水平，但它却在历史上首次向我们展现了最终足以灭绝人类的方式。在过去的100年中，全球近一半的湿地消失；水坝等设施切断了全球近60%的主要河流，导致20%的淡水鱼灭亡或接近灭亡；全球近一半森林消失，对热带雨林的砍伐正在以惊人的速度上升，90%的树种处于灭亡的危险边缘；捕鱼活动严重泛滥，70%的鱼类数量在不断减少；过去50年，2/3的农业用地土质大幅度下降，1/3的原始森林被开发成农业用地。

人类肆无忌惮地破坏生态环境，于是人类遭到了严厉的惩罚——健康的丧失。人在这种环境中变得健康和保持健康已不是件容易的事情，它已不再是只占用余暇时间的一种可有可无的事情，而是变成了决定我们能否继续生存的关键因素。

2. 营养过剩

由于生产的高度发展，人们的膳食结构发生了很大的变化。人一旦富裕起来，必然要增加动物蛋白和动物脂肪的消耗。在美国，每年每人消耗的食物总量约为664千克，其中脂肪含量高达42%，动物蛋白摄取量占蛋白摄取量的80%。20世纪60年代后的日本等国如此，20世纪80年代后的中国也如此。1992年我国城乡人均谷物和薯类消费与1982年相比，分别下降了10.9%和49.4%，而肉、蛋、奶和水产品的消费分别增加了81%、

200%、323%和97.4%，其增速令人吃惊。由此引起了各国肥胖症的大流行。在美国，约有55%的成年人过胖，23%的成年人超重，俄罗斯、英国、德国也有类似的现象。20世纪90年代，美国为治疗由肥胖导致的疾病耗费了1 180亿美元，远远高于由于吸烟导致的医疗支出470亿美元。

1992年，我国城市居民体重超重者已达14.9%，北京市居民中体重超重者已达到32.8%，中年妇女中体重超重者已经超过45%。另外，有一种叫作"腹部肥胖综合征"的疾病蔓延开来，这种病症会导致人们出现胰岛素抵抗、高胰岛素血、葡萄糖不耐受、脂质和脂蛋白代谢紊乱、高血压等许多症状。1980—1991年，我国高血压患者人数平均每年增加320万，而且以每年25%的速度递增。1992年，北京市居民中高血压患者人数比1986年增加了2倍，脑血管疾病患者人数比1986年增加了3倍，冠心病患者人数则比1986年增加了5倍。

3. 运动不足

在低机械化时代，人们体力支出与脑力支出之比为9∶1，到中等机械化时代就转变为6∶4，在全盘自动化时代反过来变为1∶9。长时间伏案的静态工作已经成为部分社会成员的基本活动方式。由不良坐姿导致的"运动不足""肌肉饥饿"成为影响人体健康的重要因素，已经成为普遍的社会问题，正如美国明尼苏达大学生理卫生实验室教授亨利·布莱克本所说："我认为，坐着工作是文明史上对人的新陈代谢影响最深刻的变化，这是造成我们许多新陈代谢失调现象的原因。"在与自然疏远的过程中，人们得到了许多物质财富与精神财富，但也丧失了很多宝贵的东西，其中损失最大的是人体运动能力。这使很多人丧失了生产技能和生活技能，以及丧失了协调、灵敏、力量、平衡等许多必备的身体素质，还有各种对外界的适应能力，如遇到水患、火灾、意外事故时的自救能力等。

4. 高度紧张

人们的生产劳动方式是造成紧张的一个重要原因。我们知道，体力劳动时代是强调劳动强度的时代，对劳动者造成的疲劳是全身性的，疲劳的部位主要集中在四肢，恢复的方式主要是良好的睡眠。机械化时代是强调劳动密度的时代，严格的社会分工造成的疲劳则是局部性疲劳，疲劳的部位由过去的四肢开始转向大脑，而且往往导致出现睡眠障碍，不易得到恢复，还会形成局部疲劳的累积，从而影响健康。日益紧张的生活环境和愈演愈烈的竞争环境迫使人们付出很大的健康代价以适应生存的需要。精神高度紧张是现代人的特征之一。工业化社会快节奏的工作、复杂的社会关系、多重的社会角色和激烈的社会竞争使人们经常处于应激状态，不良的精神能量不断积累，神经系统的长期紧张，吸烟、喝酒等导致行为失常、神经衰弱，使精神病例不断增加。据日本劳动省的一项调查结果显示，57%的人在车间里感到孤独，77%的人不喜欢自己所从事的工作，71.3%的人认为不能充分发挥自己的能力，87.7%的人感到精神疲劳。在日本丰田汽车公司有65%的工人感到劳动强度过大，19.4%的工人在第二天上班时未能消除前一天的疲劳。在现代社会，紧张的生活节奏造成的心理障碍成为重要的社会问题。进入信息化劳动时代，生产劳动对人疲劳的影响则进一步转向了高级神经系统，使劳动者的健康状况发生了更为深刻的变化。另外，过于紧张的商业竞争和过于强烈的责任感使日本相当多的中年人由于过度紧张而猝死，这需要人们高度重视。

"紧张"的出现与人们的社会关系、社会生活状态也有重要关系，如配偶死亡、离异、分居，亲友逝世，家人外出工作或失业，子女入学或事业、婚姻、习惯的改变，自己发生意外事故或生病、家人生病、怀孕、性生活困扰、夫妻吵架、姻亲关系的麻烦、子女离家，以及辞职、解雇、调职、工作任务的改变、财务状况的改变、家族成员的增加、与公司发生的纠纷、上班时间和劳动条件的改变、搬家、转学、休假时间的变更、朋友之间关系的变化、睡觉习惯的改变、外出旅行、饮食习惯的改变、债务纠纷等。

紧张情绪可以诱发各种身心疾病。紧张可导致偏头疼、便秘、腹泻、溃疡性结肠炎、妇女月经失调、男性阳痿、糖尿病、癌症、高血压、心脏病，以及神经过敏、神经衰弱、精神分裂、狂躁忧郁等精神性疾病。

5. 人的异化

异化，是指从主体中分裂出来或丧失掉的东西在摆脱主体的控制并获得独立性后逐渐壮大，反过来控制、支配、压迫或扭曲主体。当这个主体是人本身的时候，那么，异化就是人给自己树立起一个自己最终控制不了的反对势力，导致人性的扭曲，健康的丧失。随着现代资本主义社会矛盾的深化，人们越来越感到先进的科学技术和高度发达的生产力往往成为与人相对立的、支配人的敌对力量。人们不断地革新科学技术，本来是想使其更好地为人类服务的，但是到头来，人却沦为物的附庸，失去应有的尊严和自由，迷失在物欲横流之中。在大城市茫茫人海中，人际关系淡漠，人们深感孤独，远离世界和他人，于是很容易出现一些反社会的破坏性行为。

五、亚健康与医疗手段

（一）传统医疗手段对改变亚健康状态成效甚微

20世纪60年代后期以来，许多国家的国民医疗保健费用急剧增长，成为亟待解决的社会问题。造成这种现象的原因一是传统的医疗对心血管疾病、脑血管疾病和癌症缺乏卓有成效的手段，而诊断、治疗、康复的费用越来越高，让人难以承受；二是进入老龄化社会后，老年人口年复一年地增加，而对于由衰老引起的各种疾病，传统医学手段的疗效也极为有限；三是不合理的生活方式引发的多为慢性病，治疗此类疾病耗资巨大，而且医疗效果不佳。

人口老龄化首先出现在西欧的工业化国家，继而扩展到几乎所有发达国家，在不少发展中国家人口老龄化的现象也日趋严重。1965年，美国的老年人口仅为全国人口的4%，在随后短短的15年内增至11%，而老年人口中有40%为75岁以上的高龄老人。

采用包括体育在内的各种手段控制急剧增长的医疗费用成为许多国家政府介入大众体育，积极促进大众体育发展的重要动因。

（二）社会体育的作用受到广泛重视

人们为了根除各种由于生活方式造成的社会疾病，不得不把体育运动纳入医疗的内容组成。因为体育运动调节并改善着人们由于饮食、营养、体重、作息等方面长期不合理的积习所造成的生活方面的健康效应。解决人们身心健康问题的最佳办法就是动员他们参与体育运动。健身运动、消遣娱乐不仅是治疗亚健康状态一种最积极、最有效的手段，而且是最方便、最经济的手段。体育运动进入人们的生活，使其养成科学、健康、文明的生活方式。体育生活方式与人的生命质量关系密切，与人们的生理、心理、社会健康休戚相关。愉快、自由地享受体育生活可以促进人们身体智力和认识能力的发展，使人拥有健全的人格，体验人生的幸福。

社会体育对生活方式的影响和作用突出表现在以下几个方面。

（1）可以提高人的劳动素质，培养和造就全面发展的人格。体育生活作为恢复人的本质与体现人的价值的生活活动及社会实践，意味着人性的解放。

（2）是保持人体机能、体能处于最佳状态的有效手段，是人们消除身心疲劳、保障健康生活的积极手段。

（3）是帮助人们戒除恶习、改善不良社会生活的有力措施，越来越多的科学证据表明，参与体育活动可增进健康，并能防止慢性及非传染性疾病的发生。

（4）不仅可以满足人们的多种文化需要、精神需要和情感需要，还改变人们的审美观念。

（5）可以缓解现代生活节奏给人带来的紧张情绪和复杂多变的人际关系，克服现代社会中竞争所带来的冷酷、孤独，陶冶人的情操、体验人生真谛。经常从事体育活动的人对生活节奏的改变有较强的适应性，可以表现出较强的自制力，还拥有快乐、坚韧、敏锐、自信和从容的性格。

（6）可以充实余暇时间，各种休闲体育活动可以消耗多余精力，避免各种社会危险。

（7）消费的增加和发展促进了家庭和个人消费结构的优化和合理化，提高了生活质量。另外，体育消费还是一种节假日消费，可以成为城乡居民周末、长假期的主要消费形式。

（8）可以丰富人们的社会交往方式，调节人的精神状态，作为交际手段，还可以缩短人和人之间的社会距离，增进家庭成员之间的感情交流，促进家庭和睦。参加体育活动能增强人们之间的相互理解，促进人们交流、合作，也可以提高人们对社会责任和道德价值观的认识。

（9）可以让人们学习基本生活技能，从而提高生活质量。

思考题

1. 如何认识社会生产方式对社会体育意识的影响和制约作用？
2. 社会体育对社会生产方式的促进作用有哪些？
3. 与体育运动有关的生活方式要素有哪些？
4. 什么是亚健康？导致亚健康状态蔓延的原因有哪些？
5. 社会体育对改善人们的生活方式起到了哪些积极作用？

第四章　身体锻炼概述

> **内容提要**
>
> 身体锻炼是实现社会体育目的和任务的最基本途径。进入工业社会以后，人们更需要进行身体锻炼。身体锻炼具有生理学、生物化学以及医学等多方面提高人体健康的意义。身体锻炼具有多方面的心理学价值，可以对人的情绪、智力发展与保持起到积极作用。人体美是世间万物中最协调、最均衡的一种美，身体锻炼是获取人体美的重要手段。身体锻炼必须遵循循序渐进、持之以恒、因人制宜等原则，具有丰富的活动内容。

第一节　身体锻炼的原理

身体锻炼是指运用各种身体练习和方法并结合自然力和卫生因素，以发展身体、增进健康、增强体质、调节精神、丰富文化生活为目的的身体活动。科学和实践证明，增进健康、增强体质涉及多种因素，而体育身体锻炼是最积极、最有效的方法。

一、身体锻炼的生物学意义

有规律、有控制地进行身体锻炼可以达到从多方面促进健康的目的，从生物学的角度来讲，身体锻炼可以从以下几个方面促进健康。

（一）身体锻炼可促进心血管功能的改善

身体锻炼可以引起心血管功能产生良性变化，主要包括安静时心率下降，心脏每搏输出量增大和心脏体积增大等。经常参加有氧运动的人，安静时的心率偏低，有的甚至可以低到每分钟50次，说明心脏的血液输出功能得到了提高，而心脏体积的增大现象也可以在经常从事身体锻炼的人身上发现，即"功能性心脏肥大"，这是心脏容血量提高和心脏血液输出量增加的表现。

(二) 身体锻炼可增强骨骼肌功能

身体锻炼可以通过运动刺激肌肉达到增强肌肉的力量和耐力的目的。在身体锻炼的过程中，由于肌肉反复收缩做功，刺激肌细胞使其中相关的能量代谢、蛋白质合成等活动增加，从而提高肌细胞能量代谢的能力，促进肌肉内蛋白质的合成，达到了增强肌肉力量和耐力的目的。

(三) 身体锻炼可延缓骨骼衰老

身体锻炼可以促进骨骼对矿物质的吸收。在运动过程中直接参与活动部位的骨骼受益最大。如多进行走步运动可以使腿骨增粗，举重可以使上肢骨骼增粗，且骨密度水平提高。长跑运动员的脊柱骨矿物质较一般人群多40%。实际上，所有的身体锻炼运动，都可以起到使骨骼增粗的作用。因为当肌肉收缩时，其上附着的骨骼就会受力，其对钙等矿物质的吸收就会相应增加，对预防骨质疏松就会有一定作用。

(四) 身体锻炼是减少和避免疾病发生的有效手段

1. 疾病发生的原因

疾病发生的原因是多种多样的，可将病因分为外部致病因素和机体内部因素两类。

(1) 外部致病因素。

①生物学因素。这是疾病发生最常见的外因，各种病原微生物（病毒、细菌等）及各种病原寄生虫都能引起传染病或寄生虫病。

②物理因素。一定强度的机械力作用于人体可以引起创伤，高温、低温、电流、光线、声波、电离辐射和低气压等因素达到一定强度或持续一定时间均可以造成烧伤、冻伤、电击伤、光损伤、噪声性耳聋、放射病、高山病、潜水员病等。

③化学因素。这种致病因素的种类很多，主要有损害机体组织结构的强酸、强碱等，以及扰乱机体代谢活动的化学毒物、药物等。饮食中缺乏身体必需的营养物质（如蛋白质、脂肪、糖、水、维生素、矿物质等）可引起相应的疾病；反之，食物中的营养物质摄入过量也会引起疾病。

(2) 机体内部因素。

①机体抗病能力。机体的抗病能力主要取决于机体的防御能力、免疫能力、机体反应性和遗传特征等。这些能力决定机体对致病因素是否发生反应，以及以何种方式发生反应，当上述能力下降或遭到破坏时，机体就会罹患各种疾病。

②精神因素。某些异常激烈的情绪波动，如过度悲伤、忧郁或过度喜悦，都可引起内环境平衡失调，促使疾病发作。例如，某些心绞痛的发作，长期不良的精神刺激可能造成神经衰弱、溃疡症和高血压等疾病。

③遗传特性。遗传疾病在疾病中占有重要比例。遗传不但能影响或决定机体的反应性，而且还能成为某些疾病的致病因素。这类遗传发育和免疫的反应异常可引起先天性畸形、白化病、和变态反应性疾病。

2. 身体锻炼对人体防治疾病的作用

身体锻炼对于人体防治疾病的作用是比较全面的，大致可以归纳为以下几方面。

(1) 身体锻炼可以提高人体的某些免疫能力，以抵御病原微生物的侵害。相关实验证明，在运动时，随着体温的升高，人体内会产生一些特殊的物质，而这些物质可以增强免疫力，从而减少了传染病的发病率；同时，身体锻炼可以使体内白细胞的数量增多，这就等于提高了人体的抗病能力。

（2）身体锻炼可以提高人体的各种自救能力，以避免机械外力的伤害。快节奏的生活方式和大面积的活动范围，以及运载工具的高速化，增加了人与人之间的接触频率，使日常生活中发生意外事故的概率大幅提升。在一些工业发达国家，意外事故的死亡率仅次于心脏病、脑卒中和癌症。在我国，这方面的死亡率也有所上升，各种意外事故的死亡率高达7.8%。这些意外事故的发生原因主要是工伤、车祸、爆炸、暴力、房屋坍塌，以及各种突发的自然灾害，如洪水、飓风、地震、海啸等。

身体锻炼可以使人们掌握自救、互救的知识和技能，使人们具有灵敏的反应能力和应变能力，以及克服意外事故的良好体力，并培养出处变不惊的良好心理素质。

（3）身体锻炼可以提高人体对自然的适应能力，减少物理和化学因素的伤害。身体锻炼通常在露天环境中进行，在日光、空气、水的直接刺激下，人体对各种气候条件逐渐产生了适应能力。身体锻炼对速度、力量、耐力的追求，不仅使人体的组织细胞的体积和重量在机械外力的作用下发生着改变，也使身体各部位的比例、强壮度、灵活性等发生变化，而且也深刻地改变着身体内的物理和化学过程，使人体逐步适应外界类似条件的变化。

（4）身体锻炼可以提高人体的新陈代谢水平，减少、推迟或避免各种代谢疾病和老年疾病的发生。相关实验证明，身体锻炼可以使人体中甘油三酯的含量降低，而这些指标的变化对预防肥胖症、高血压、冠心病都有显著效果。身体锻炼对于预防老年人心血管系统和运动器官老化等方面的作用也同样是十分明显的。

（5）身体锻炼可以提高父母的遗传素质，防止和减少遗传疾病发生的概率。

（6）身体锻炼可以加速病愈后的恢复。目前，医学向临床医学、预防医学和康复医学相结合的方向迅速发展。各类患者可通过医疗体育的多种手段恢复肢体功能，增强抵抗能力，以补充医药手段的不足。

综上所述，身体锻炼对疾病的预防和治疗，以及身体的康复有着重要的作用，这些作用是积极的、有效的。但身体锻炼对疾病的防御作用是有条件的，某些疾病是不可能通过身体锻炼治愈的，如遗传病。另外，处在许多疾病的某些阶段中也是不宜从事身体锻炼的，如炎症、高烧等，因此，大家应该正确认识和使用身体锻炼的手段以期达到效果的最大化。

（五）身体锻炼是控制体重的重要方法之一

脂肪是人体内储存能量的主要形式，即如果摄入的能量高于消耗的能量，能量就会在体内以脂肪的形式储存起来，体重也会因此而增加。一般情况下，成年女性的体重超过标准体重的30%时即为肥胖，儿童和成年男性的体重超过标准体重的20%时即为肥胖。体重与人体的健美和健康都有密切的关系。肥胖会使机体的心血管功能，呼吸功能，肝、肾的正常运转受到损害，还会增加骨骼和肌肉的负担，容易出现骨质疏松和肌肉损伤。肥胖对内分泌激素分泌量及功能的正常发挥也会产生不良影响。随着现代化程度的不断提高，人们生活方式的改变，需要为生存而付出的体力活动日益减少，肥胖已成为现代社会威胁人们健康和寿命的主要疾病之一。在不控制膳食的情况下，有规律地进行身体锻炼，就可以获得最佳的体重和体成分，这是因为有氧运动可大幅提高机体的热量消耗。

影响通过身体锻炼进行减体重的因素有运动强度、时间及频率。长时间的动用大肌肉群的运动，如步行、长跑、跳绳、骑车和游泳是较理想的，这些周期性的运动消耗的能量可以促进脂肪代谢、降低体脂、改善血压、提高心脏功能。如果每天中速步行30分钟，24天可以减少1千克体脂，1年就可以减15千克体脂。每次运动时间的长短决定运动的总耗能量，因此，它是决定运动减肥效果的最重要因素。肥胖者刚开始运动减肥时，运动强度不要太大，只要运动时间够长，就可以消耗大量的能量，这样可以避免刚开始运动时因强度大，承受不了而放弃的可能。以步行为例，每天步行45分钟的人的体脂减少得最多。

（六）身体锻炼对人体生长发育的促进作用

身体锻炼对生长发育有一定的促进作用，身体锻炼的刺激首先可直接作用于骨骼、关节和肌肉等运动器官，并使之产生适应性的变化。用以评价生长发育的指标主要包括形态学的一些指标，如身高、坐高、上肢长、下肢长、肩宽、骨盆宽、胸围、上臂围、大腿围和体重等指标，其中身高代表人体骨骼纵向发育的程度，肩宽等代表人体横向发育的程度，胸围等代表人体软组织（肌组织）的发育程度。身体锻炼可以通过对骨骼的刺激，增加骨矿物质的吸收，促进人体长高；可以刺激肌肉和骨骼肌，增加肌肉蛋白质的合成，改善细胞代谢状况，促使肌肉发达，因此，身体锻炼是一种有效地促进人体生长发育的手段。应该指出的是，大家在通过身体锻炼促进生长发育时，一定要注意合理、科学地进行膳食补充；否则，身体锻炼不但起不到促进生长发育的作用，还会因消耗增加而造成营养不良，阻碍生长发育的正常进行。

二、身体锻炼的心理学意义

（一）心理健康及其标准

心理健康是一种能够适应生活的良好态度，心理健康的含义包括四个维度，即认知、情绪、人格和社会适应。马斯洛等人提出了十条心理健康的标准：有足够的自我安全感；能充分地了解自己，能对自己的能力做出适度的评价；生活理想切合实际；不脱离周围现实环境；能保持人格的完整与和谐；善于从经验中学习；能保持良好的人际关系；能适度地发泄情绪和控制情绪；在符合社会规范的前提下，能有限度地发挥个性；在不违背社会规范的前提下，能恰当满足个人的基本要求。

（二）身体锻炼与心理健康的关系

身体锻炼对参加者的心理效益见表4-1，本节仅就研究较多的几个领域进行分析与讨论。

表4-1 身体锻炼对参加者的心理效益

增加或提高	减少或降低
学习成绩	工作缺勤次数
做事和决定果断	过度饮酒
信心	发怒
情绪稳定性	焦虑

续表

增加或提高	减少或降低
独立性	抑郁
智力水平	痛经
心理控制源内控倾向	敌意态度
记忆力	恐惧感
良好心境	神经质表现
知觉能力	应激反应
人际关系	紧张
积极身体自我评价	A 型行为
性生活满意度	工作错误
心理自我良好感	慌乱
工作效率	艾滋病病毒在体内的发展

1. 身体锻炼与情绪的改善

情绪对于正常人来说，具有动机的作用。相关研究表明，长期身体锻炼与一次性身体锻炼都可产生良好的情绪效益。长期身体锻炼是指每天都进行或者定期进行的锻炼活动，且这种锻炼活动持续的时间很长。一次性身体锻炼是指持续时间为 30 分钟左右的身体活动。

（1）身体锻炼后的即刻效益。

①与心境状态的改善有关。心境是指具有感染力的微弱而持久的情绪状态。保持良好的主导心境是心理健康的重要标志之一。相关研究表明，30 分钟的跑步可以使紧张、困惑、疲劳、焦虑、抑郁和愤怒等不良情绪状态显著改善，还可以使精力保持在高水平，仅一次自行车功率练习就可以使健康和亚健康的大学生的焦虑程度下降，甚至还有人认为，步行 5 分钟也有助于改善心境状态。

②与焦虑水平的下降有关。焦虑是对当前或预判的威胁反映出来的恐惧和不安的一种情绪状态。

③与应激和紧张的减少有关。应激有三方面含义：第一，可能提高焦虑和唤醒水平的任何情境；第二，因觉察到环境的威胁而造成的与植物性神经系统唤醒有关的不愉快的情绪反应，通常在个体感知的环境要求和个体自身反应能力无法平衡时发生；第三，身体中的某一器官对环境刺激的行为反应。紧张是应激的一种表现形式。

（2）身体锻炼的情绪效益。

①与心理自我良好感有关。心理自我良好感又称感觉良好现象，是心理健康的重要标志之一。它是指与积极参加体育锻炼有关的某种兴奋、自信和自尊的情绪和态度体验，不包括消极情绪。相关研究表明，心理自我良好感与运动有正相关关系，积极参与身体锻炼者比不参与身体锻炼者的自我感受和评价更积极（女子较男子的相关程度更高）。

②对焦虑、抑郁的缓解作用。相关研究表明，进行身体锻炼可以缓解焦虑抑郁，让人心情愉快。

2. 身体锻炼与认知衰老的关系

对于中老年人来说，随着年龄的增长，认知功能出现了不同程度的衰退。

（1）身体锻炼能提高中老年人的认知功能。

一项研究发现，积极参加身体锻炼的中老年人比不参加身体锻炼的中老年人的认知功能高很多。

（2）身体锻炼与反应速度的保持。

反应速度是衡量人精神运动速度的重要指标，相关证据表明，进行积极身体锻炼的中老年人，其简单反应速度、选择反应速度比同龄的不进行积极身体锻炼的人快。

（三）身体锻炼产生心理效益的机制

美国学者考克斯在前人研究的基础上进行了归纳和总结，提出了身体锻炼促进心理健康的六项基本假说，具体如下。

1. 认知行为假说

认知行为假说的基本前提是身体锻炼有助于人们产生积极的思维和情感，这些积极的思维和情感对抑郁、焦虑和困惑等具有抵抗作用。对于没有锻炼习惯的人来说，进行身体锻炼是一件困难的事，如果能养成锻炼习惯，人们就能拥有成功感和自我效能提高感，而这种感受有助于打破消极心境态的恶性循环。

2. 社会交互作用假说

社会交互作用假说的基本前提是人在进行身体锻炼时，与朋友、同事等进行的社会交往是令人愉快的，具有促进心理健康的作用。

这一假说的问题在于它仅解释了身体锻炼促进心理健康的一部分原因。

3. 分散注意力假说

分散注意力假说的基本前提是身体锻炼给人们提供了一个分散注意力的机会，让大家不再陷入忧虑。

例如，慢跑、游泳可以使人在锻炼时进入自由状态，即可以通过冥想、思考等思维活动调整情绪。

4. 心血管功能假说

心血管功能假说的基本前提是心态的改善与心血管功能的改善相关，即身体锻炼通过加强心血管系统的功能来增强血管的收缩性和渗透性，使血液循环正常，而健康的血液循环可促使体温稳定，有助于维持神经纤维的正常传导功能。

5. 胺假说

胺假说的基本前提是神经递质类化学物质分泌量的增加与心理健康状况的改善有关。神经递质在神经之间以及神经与肌肉之间起传递信号的作用。研究表明，抑郁的人经常出现胺分泌量减少的情况（如去甲肾上腺素、血清素和多巴胺等减少），而经常参加身体锻炼的人则会出现去甲肾上腺素增加的现象。从理论上分析，身体锻炼可以促进神经递质的分泌，进而对心理健康起到积极作用。

6. 内啡肽假说

内啡肽假说认为，身体锻炼可以促使大脑分泌一种作用类似吗啡（消痛并引发心理快感）的化学物质，叫作内啡肽。内啡肽引起的这种心理快感可以在一定程度上缓解抑郁、焦虑、困惑等消极情绪。

综上所述，前三种假说主要从心理角度说明身体锻炼与心理健康之间的关系，后三种假说主要从生物化学角度来说明身体锻炼与心理健康之间的关系，但没有一种假说可以为这种关系提供完全令人满意的解释。对于这样复杂的问题，从多方面解释或许比从单方面进行解释更为妥当。

（四）参加身体锻炼的动机

动机是推动一个人进行活动的心理动因或内部动力。它的基本含义是：能够引起并维持人的活动并使活动导向一定的目标，以满足个体需要的想法、愿望或理想等。可见，动机属于内在过程，而行为（如身体锻炼等）是这个内在过程的结果。

动机和行为既可以由自身需要引起，也可以由环境因素引起，通常是两者共同作用的结果。例如，某人之所以参加身体锻炼，既可能是由于身体健康的需要，也可能是因为周围的同龄人都在以各种各样的方式从事着健身活动，还可能是由于上述两种因素的共同影响。应当注意的是，自身需要是内因，环境因素是外因，外因通过内因起作用。一般说来，某一时刻最强烈的需要构成最强的动机，而最强的动机决定人的行为。虽然身体锻炼对身心健康的积极促进作用已广为人知，但令人担忧的是需要锻炼却"坐"而待"动"者大有人在。一项研究结果表明，1985—1990年，58%的美国人不参加身体锻炼；10%~25%的美国人有轻度或中度抑郁。人们需要参加身体锻炼的原因至少包括以下六方面。

（1）为丰富社会经验而参加身体锻炼。参加身体锻炼可以满足某些锻炼者的社会需要，许多锻炼项目可以使人结交新朋友或维持现存的有益关系。

（2）为强身健体而参加身体锻炼。参加身体锻炼可以增强体质，促进健康。

（3）为消遣和寻求刺激而参加身体锻炼。参加具有冒险性或高速度的运动项目，如登山、跳伞、滑雪等，可使人拥有莫大的快感。

（4）为丰富审美经验而参加身体锻炼。许多人参加身体锻炼是为了丰富自己的生活，这些人热衷于花样游泳、体操、体育舞蹈等项目。

（5）为精神宣泄而参加身体锻炼，许多人参加身体锻炼是为了排除情绪上的紧张和压抑。

（6）为磨炼意志而参加身体锻炼，许多人自愿参加长时间的、紧张的甚至十分艰苦的身体锻炼，是为了磨砺自己的意志品质，参加马拉松、攀岩或田径十项全能训练者多属此类。

应当注意的是，这六种因素之间彼此联系、交互作用，不能单独看待。例如，控制体重对强身健体和改善外部形象具有积极的影响，它还可能影响锻炼者的个人感受。只有了解锻炼动机的特点，才能动员更多的人参加身体锻炼。

（五）获得较高情绪效益的身体锻炼方法

并非任何形式的身体活动都能产生相同的情绪效益，只有进行科学的身体锻炼才可以。对于不同的个体，怎样为其制订适当的锻炼计划，或者对于心理疾病患者，怎样为其开具锻炼处方，以使身体活动对其产生最大的情绪效益是一个严肃的问题。但目前，对于这方面的研究还远不能满足锻炼者的需要，因此，我们只能就现有的研究成果讨论一些基本原则。

1. 选择令人愉快和有趣的活动

使身体锻炼取得最大限度情绪效益的前提是参与者从项目中获得乐趣并感到愉快。假如某锻炼者为了寻求心境的改善而锻炼，却没有通过身体活动和锻炼获得快感，却奇迹般地增加了积极情绪，这是很难想象的。

2. 选择有氧运动或有节奏的腹式呼吸运动

相关研究表明，有氧运动或有节奏的腹式呼吸运动可以提高情绪效益，如慢跑与心理自我良好感的许多方面有关，如可以缓解焦虑、提高的应激忍受力等。

3. 选择回避人际竞争的活动

一项研究对参加持续高强度、长耐力训练的高等院校代表队的女游泳运动员与只参加娱乐性锻炼的游泳者，以及不运动者进行调查后发现，只参加娱乐性锻炼的游泳者的抑郁、愤怒和慌乱感等消极情绪显著低于女游泳运动员和不运动者。该研究表明，选择回避人际竞争的锻炼方式更有利于调节情绪。

回避人际竞争的锻炼方式之所以能够加强身体锻炼的情绪效益，是因为其能使参与者回避因失败而产生的消极心理。对于许多个体来说，失败会减少许多有益情绪。

4. 选择自控性活动

其泛指可预测的、时间和空间上可确定的，以及动作具有节奏和重复性的活动，如慢跑和游泳。自控性活动容易使锻炼者进入自由联想状态，并为独处、冥想、反思提供了机会。

应当注意的是，锻炼者在项目的选择上存在巨大的个体差异，许多人不喜欢自控性活动，反而喜欢开放性运动，如网球和篮球。

（六）影响坚持锻炼的因素

美国学者考克斯在对前人研究归纳总结的基础上提出了影响坚持身体锻炼的主要因素，以及导致不参加或退出身体锻炼的行为的心理因素（表4-2）。

表4-2 影响坚持锻炼的主要因素

坚持身体锻炼的决定因素	不锻炼或退出身体锻炼的决定因素
1. 个人动机； 2.（坚持性）行为和应对技能； 3. 配偶的支持； 4. 拥有充足的时间； 5. 可以使用锻炼器材； 6. 个体对良好健康状况的知觉	1. 成为体力劳动； 2. 超重或肥胖； 3. 锻炼中不舒适的体验； 4. 吸烟； 5. 心理状态紊乱

此外，人们能否坚持身体锻炼还受以下因素的影响。

1. 早期身体锻炼经历

学生时期曾是运动员的人、幼年时期曾因身体锻炼获得过家长鼓励的人、在学校曾经上过体育课或受过健康教育的人比不具备上述条件的人更容易参加身体锻炼。可见，早期身体锻炼经历对于人们参加体育锻炼具有十分重要的意义。因此，为了增加身体锻炼的人数，必须从儿童和青少年抓起。

2. 休闲时间的动与静

相关研究表明，在休闲时间内喜欢安静的人比好动的人更容易停止身体锻炼。

3. 现有健康水平

虽然绝大多数研究并没有发现现有健康水平与坚持锻炼之间存在直接关系，但也有些研究表明，坚持身体锻炼者往往比退出身体锻炼者健康。

4. 吸烟与不吸烟

大部分研究表明，吸烟者比不吸烟者更容易退出体育锻炼，且吸烟者往往比不吸烟者更容易在参加身体锻炼的前几周就退出。

三、身体锻炼的美学意义

人类的审美对象一般可以分为自然美、艺术美、生活美（又称关系美、社会美），以及人体的形体美、姿势美和动作美，这些美构成了人体内外一致的美，这种人体美是所有审美对象中最深刻、最动人的。一些美学家认为，人体美是世间万物中最协调、最均衡的一种美。

为什么这些美学家会给予人体美这样高的评价呢？因为人是自然界中发展级别最高的动物，其完成性最强，个体性最为显著。另外，人体美还将自然美和社会美融合在一起，是一种高度综合的美，集自然界的美之大成。

（一）人体美

1. 人体美的含义

人体美是指自然事物中发展到最高阶段的人体的美。人，不仅具有自然属性，还具有社会属性，因此，人体所表现出来的美不仅包含自然美，还包含社会美。自然美就是人的生理解剖特点所形成的躯体的美；社会美就是人内在的品质、性格、思想行为等形成的精神的美。这两方面的美是统一的，且精神的美占据着主导地位。

2. 人体美的评价

人体美是由许多因素组成的，正确评价这些因素可以指导我们用正常的方法和手段（包括身体锻炼）来实现它，而不正确的评价就可能引发一系列的健康问题、心理问题乃至社会问题。

（1）自然美和修饰美的统一。

人的形体美就其形成而言，可分为自然美和修饰美两种，而在这两种美中，应以自然美为主，以修饰美为辅。

人的形体美的基本特征之一，就是自然。自然形成的人体解剖结构最适于人体的各种生理功能，它体现了人体自然形式的美，这种美是最单纯、最基本的美的形式。一切美的自然事物（包括人体）都在不同方面和不同程度上具有一定的形式，美通过形式或形象的美鲜明地表现出它的种类（如人、人种或民族）的普遍性和本质，所以，人体的自然美又是最具一般性的美，是最有普遍意义的美。因此，我们应该重视人体的自然美。

所谓重视自然美，就是按照不同年龄、不同性别、不同职业特征所形成的不同生理特点和心理特点，让人体的美不加附带条件地显露出来。这种美带有质朴纯真的特点，因此是最感人的。

修饰美是自然美的一种必不可少的补充修饰，由服装饰缀和化妆美容（包括发型）两部分组成。服装是人类文化的一部分，人类物质文明和精神文明越向前发展，服装的色彩和款式就越丰富，也就把人体装扮得更加生动、美丽。饰缀包括头饰、耳坠、项圈、领带、胸针、腰饰等。我国各民族的饰缀是绚丽多彩的，饰缀一般采用名贵而闪光的材料，经过精细加工制成，象征富有和永恒，是对人体美的补充。化妆和美容包括对面部和身体其他裸露部分皮肤的美化，以及对毛发的整型和着色。化妆和美容可以使皮肤有光泽，修饰生理缺陷，改变外观年龄。

服装的发展应以不妨碍肢体活动、不影响身体健康为原则，而饰缀、化妆、美容的采用更应以身体的卫生、健康为前提，否则就是不可取的。

（2）健康与美的统一。

人体美符合自然界中美的规律，而其中最本质的规律就是健康，也可以说健康就是美。人类要在地球上生存下去，一方面，要进行物质生产，不断地满足食物、衣服、住房，以及为此所需要的工具的生产；另一方面，人类还要进行人口的生产，从而不断繁衍。这两种生产都要求人必须具有健康的体质、强壮的体魄、旺盛的生命力，因此也就形成了人对自身提出的要求，最终形成了人类以健美为标准的审美观。

健康是人体的常态（一般生物的常态都是生机勃勃的），而在自然界中，只有处于常态的才是美的。人体只有健康、充满生命力才美。健康是内在的、本质的，是外形美的基础。

当然，纯粹生理意义上的健康还不能完全代表美。完全健康的人并不等于就是美的。人们对于人体的美还应在美学的基础上进行更深层次的评价。

（3）传统美和流行美的统一。

每个民族和国家对人体美的审美观念都具有一定的传统，且不论时代如何变化，这些观念都保持着相对的稳定。尊重民族传统美并不等于抱残守缺，应不断根据时代的需求，发展、完善民族的传统美。流行，是指在一定条件、时间和地点的范围内，被大多数人承认、接受，并争相仿效的某一种样式、色彩、行为和思想。人体美的审美观方面也有一定的流行性，即时代感。

（4）典型美与个性美的统一。

美的人体具有同民族人普遍具有的特点，即同民族人的普遍特点在一个人的身上表现得越突出、越明显、越集中，这个人就越典型，也就越美。如果某个人的形体是同民族人形体中的典型，那么这个人也就是该民族中最美的人。然而，在现实生活中，能达到典型美标准的人很少，但每个人可以在自身的基础上寻求个性的美，掩饰自己的不足之处，还可以通过动作塑造符合自己身份的形体美。

现在，人们在体型方面流行以运动员体型为典型美。这里的运动员体型不是指某一项目的运动员，而是指各项运动员优秀体型特征的集合。体育运动在人们的社会生活中占据着越来越重要的地位，而运动员体型在某种意义上代表了体力劳动与脑力劳动结合、全面发展的未来一代的风貌，因此，其也就成为人们欣赏的体型。

（二）人体美与身体锻炼

身体锻炼是获取人体美的重要手段，其功能主要表现在以下几方面。

1. 形成匀称、平衡、协调、丰富、修长的体型

形体美主要由受遗传和环境因素影响的人体骨骼比例、脂肪含量和肌肉发达程度决定。评价形体美的要素主要有比例、线条、对称、对比和轮廓等。人体骨骼的长、短、粗、细应该有正常的比例，如胸廓的左右宽度应大于前后宽度，男子的骨盆上宽下窄，女子的骨盆上下差别不大等。

人体的骨骼以脊柱为主，左、右基本对称，呈现出平衡的形式美。人的身材比例、骨骼由于受遗传因素的影响而相对固定，但身体的形态可以因肌肉体积的大小而发生变化。体育锻炼可以有效促进肌肉的均衡发展。

覆盖在身体表面的皮肤也能表现美。例如，新陈代谢快，血脉通畅，皮肤始终呈现出红润的颜色，无论是白里透红，还是黑里透红，均能给人以健美的感觉。经常参加身体锻炼可以增加血液中红细胞的数量，使肤色红润。

人们常说的形体美主要是指身体各部位令人悦目的形状和优美的姿势。形体美在身体美中的作用最突出，因此，人们经常用形体美来代表身体美。经常进行身体锻炼表示可以增大胸背部肌肉的体积，消除腰腹间堆积的多余脂肪，使四肢结实、有力，整个身体就富有活力，并呈现健美的线条。各种运动项目对人形体的完善有不同影响，锻炼者可以针对自己的形体弱点，有选择地参加各种锻炼，以改善自己的体态，使之更加健美。

2. 培养正确的身体姿势，以及优雅的行为动作和风度

英国著名哲学家培根曾表示，相貌之美高于色泽之美，而优雅的动作之美又高于相貌之美，是美的精华。人的体型只有较小的可塑性，而人的姿态动作则具有很高的可教性。这就是人们对人体美追求的主旨，是可以通过体育锻炼达到的。姿态脱离不开人体，因此姿态美和体型美是紧密相联的，但两者又是有区别的。体型是静态的，主要表现在人体的形态结构和生长发育水平上；姿态是动态的，主要表现在人体处于某种姿势时的形态上。

姿势是指人在日常生活中处于静止（如坐、立）或活动（如走、跑、跳和投掷等）状态时，身体各部分（如头、躯干、四肢）位置的相互关系。姿态美是指人体表现各种姿势的形态美。美的姿势应当带给人们两种基本的感受：竖着看有直立感，横着看有开阔感。人在直立时要做到挺、直、高；行走时，要做到轻、灵、巧；坐着的时候要端正、大方、自然。

身体锻炼可以使人掌握各种正确的姿势，培养姿态美。形体训练对人们，特别是年轻人形成正确的身体姿势有重要的意义。另外，培养与形成姿态美时还应注意以下几点。

（1）要在日常生活中注意培养与形成姿态美。例如，坐、立、走、跑四种基本姿势是自幼就开始形成的。

（2）要掌握身体锻炼各种基本姿势。进行身体锻炼可以使掌握姿势与发展身体结合起来，如为了使躯干正直防止驼背，应多做扩胸动作。

（3）由于某些职业可能会使人形成不正确的姿势，可以选择做工间操和工前操，或选择一些专门的练习，以矫正不正确的姿势和预防形成不正确姿势的动作。

（4）中老年人的身体机能已经开始衰退，这需要通过坚持身体锻炼、增强体质和注意保持正确的姿势来改善。

人的形体在空间中运动时，构成了许多姿态和动作轨迹，而各种姿势和动作联合起来就形成了人的风度。风度是比较稳定的，可以表现出一个人的思想品质、精神面貌、气质

修养。因此，追求风度美是追求人体美的最高境界。

3. 改善人的心理品质，促进精神美的形成

人都是爱美的，也希望自己很美。但是，在关于人体美的观念中，应把心灵美、内在美、精神美放在首位。个人内在的品质、性格、思想如果符合社会美的规律，表现在行为及人和人的社会关系方面就是所谓的心善。在社会生活领域里，美和善在根本上是一致的。

事实上，在人体美中，通过容貌形体、外部修饰所表现出的美只是一小部分。人的美，除表面呈现出的内容外，还包括许多内在的内容，如品德、学问、修养、能力、才气、智慧、志趣、性格等，而这些内容越丰富，外部美所占的比例也就越低。

追求、创造外形美是处于各年龄阶段的人都具有的心理，以青少年时代尤为显著。人在青少年时代都有获得他人尊重，引起他人注意的心理需要，而追求外形美符合此阶段的心理特点。人的内在美和外形美应该统一起来，因为人的心灵和外形是可以相互影响的。只有当这两方面的美高度统一时，人才能拥有境界较高的充实、完整的美。

第二节　身体锻炼的内容与方法

一、身体锻炼的内容

身体锻炼的内容是为达到身体锻炼的目的而采用的具体练习项目或运动形式。伴随体育实践和社会文化的发展，身体锻炼的内容也不断丰富、系统和科学。国内外流行的身体锻炼内容主要有以下五类。

（一）健身运动

这是一种为强身壮体、提高健康水平而从事的身体锻炼。通过经常性的练习，增强身体各器官系统的机能，发展各种身体素质，提高基本活动能力。可根据个人特点、爱好和客观条件选择具体锻炼项目。运动负荷因人而异，一般以中、低强度为宜。

（二）健美运动

这是一种塑造形体、端正态度、为增强身体美感而进行的身体锻炼。强调体型与姿态同步发展，健美与健身协调一致。多以轻负荷、多重复、节奏明快、感情奔放、富于韵律的动作为主。

（三）医疗体育

这是一种患者为医治疾病而进行的身体锻炼。这种身体锻炼强调在医生指导下与药物治疗相结合，按运动处方进行定量锻炼，动作以轻缓、负荷较小的为主。

（四）矫正体育

这是一种为了弥补身体缺陷或克服功能障碍而进行的身体锻炼，一般应在专家的指导下，针对身体矫正的特殊需要进行。将局部矫正与整体康复相结合是矫正体育锻炼应遵循的重要原则。

（五）防卫体育

这是一种为强身健体、提高防身和自卫能力而进行的身体锻炼。由于需要掌握实用性较强的技术，锻炼具有针对性，且需要进行大量的训练，运动负荷较大。

上述各类身体锻炼内容又各自包括许多具体的锻炼项目，选择时要兼顾目的性、实用性、可行性和季节性，为提高内容选择的准确性，可先进行初选试行，经比较鉴别后再做出决策。

二、身体锻炼的方法

为达到健身、健美、医疗和康复等锻炼目的而采取的方法有以下五种。

（一）节选练习法

这是根据主、客观条件，只选择一个完整项目的某一部分或某个动作锻炼的方法。此方法简单且不受场地的限制，可随时练习。

（二）单项重复法

这是在相对固定的条件下，锻炼者按照计划和要求反复练习同一项目的方法。若采用此法，要合理确定重复练习的要素，包括重复的次数、每次练习的时间、每次练习的强度等。若要保证练习质量，可通过穿插调整或辅助练习来消除重复练习的枯燥感。

（三）群像组合法

这是根据锻炼需要，将两个以上具有不同身体发展功能的项目搭配在一次，在锻炼中进行交替练习的方法。采用此法时，要在深入了解各项目功能特点的基础上按照优势互补的原则选择项目；要根据锻炼的目的合理确定各项练习的比例和顺序。

（四）变换练习法

这是在改变常规锻炼内容、强调强度或环境的条件下锻炼的方法。该方法能增强中枢神经系统的灵活性，提高身体的调节能力和适应能力，对修订锻炼计划、活跃锻炼气氛也有重要意义。采用此法时，应是短期和非经常性的，否则将影响原锻炼计划的实行。

（五）竞赛与表演法

这是锻炼者面对观众时，在互相比较、彼此竞争的情况下锻炼的方法。该方法可展现锻炼成果，检评锻炼质量，对激发和巩固锻炼热情，培养团结、合作、自信、进取等品格具有积极作用。应用此方法时，应注意控制运动负荷和情绪，加强医务监督。大家不仅要灵活采选或制订竞赛规则，使之为锻炼服务，还要认真观察并借鉴他人的锻炼经验，以提高自己的水平。

思考题

1. 体育锻炼对人体健康有何积极作用？
2. 为什么进入现代社会后，人们更需要进行体育锻炼了？

3. 谈谈体育锻炼与防治疾病的关系。
4. 心理健康有哪些标准？体育锻炼能产生哪些心理效益？
5. 怎样进行体育锻炼才能对身体最有利？
6. 谈谈参加体育锻炼必须持之以恒、循序渐进的原因。
7. 举例说明体育锻炼的内容与方法。

第五章 健身运动处方概述

> **内容提要**
>
> 学习本章后，学生可以了解运动处方的基本概念及主要内容；熟悉运动处方的作用、分类方法及运动处方制订的基本原则；了解运动处方的实施方法，重点掌握锻炼中运动强度的监控和运动处方的调整与监督，以及制订不同人群运动处方的要求和流程。

第一节 运动处方简介

1969年，世界卫生组织（WHO）开始使用运动处方术语，并得到了国际社会的认可。20世纪50年代，美国生理学家卡波维奇提出了运动处方的概念；1960年，日本的猪饲道夫教授首先使用了运动处方这个术语。美国的库珀教授用了4年的时间研究运动与健康的关系，于1968年出版了著名的《有氧代谢运动——通向全面身心健康之路》（翻译成25种文字，发行1 200余万册，被世界上许多国家采用）和《12分钟跑体能测验》等专著。

本节主要介绍运动处方的概念和研究发展现状并明确运动处方的意义与作用。

一、运动处方的概念

运动处方是由康复医师、康复治疗师或者体育教师、社会体育指导员、私人健身教练等根据患者或者体育健身者的年龄、性别、一般医学检查、康复医学检查、运动试验、身体素质、体适能测试等结果，按其年龄、性别、健康状况、身体素质，以及心血管、运动器官的功能状况，结合主客观条件，用处方的形式制订的适合患者或者体育健身者使用的健身方案，其中通常指出运动中的注意事项，以帮助人们实现科学地、有计划地进行康复治疗或预防健身的目的。

二、运动处方的主要内容

（一）运动处方的运动目的

运动处方的运动目的包括提高机体适应性，通过降低慢性疾病的危险因子来提高健康水平，以及保证运动的安全性等。由于个人爱好、健康需要和临床状况水平不同，这些目的的重要性也各不相同。在一般情况下，运动处方的最终目标是针对具体的个体制订特殊的运动方案。

（二）运动处方的运动项目

运动项目应依据个人运动目的正确选择运动项目可以使运动处方的效果最大化。以运动生理学中氧的代谢水平为依据，健康、有效的运动项目可以分为三类，即有氧运动、无氧运动及混合运动。

运动处方中的运动包括三类，即耐力性（有氧）运动、力量性运动及伸展性运动，以达到提升身体素质的目的。"身体素质"一词是由各种因素组成的。

（三）运动处方的运动强度

运动强度是运动处方实现定量化与科学性的核心问题，应根据运动目的的检查结果、个人体能状况、锻炼内容、年龄、性别和运动经历等来确定。

1. 耐力性运动强度的设定方法

评定耐力运动强度的指标有摄氧量、心率和自感运动强度。

（1）根据摄氧量设定运动强度。

①摄氧量法。摄氧量法是以运动中1分钟消耗的氧表示运动强度的方法，又称耗氧量法，常以运动时摄氧量占机体最大摄氧量的百分数来表示。

摄氧量是反映心肺机能状态最灵敏的生理指标之一，其数值的大小主要取决于心排血量、动静脉氧差、氧弥散能力、肺通气量以及肌肉摄取氧的能力。

②代谢当量法。代谢当量用来表示运动时代谢率相对于静息代谢率的倍数，中文译为"梅脱"。

（2）根据心率设定运动强度。

用心率来评价运动强度的常用方法有如下四种。

①年龄计算法。60岁以上的人或体质较差的中老年人的运动适宜心率＝180（或170）－年龄。

②运动量百分比分级法。

计算公式：（运动后心率－运动前心率）/运动前心率×100%评定：运动后净增心率达71%及以上者为大运动强度；运动后净增心率达50%～70%者为中等运动强度；运动后净增心率为50%以下者为小运动强度。此法在运动疗法中的应用十分广泛，尤其适用于高血压、冠心病和年老体弱者。

③靶心率又称最佳运动心率，是指人在运动时，循环系统的机能处于最佳状态而又不会因为心跳加快而感到不适的心率。

④最大心率储备法。通常按最大心率储备的50%～85%确定运动心率，最大心率储备是指最大心率和安静心率之差。运动心率（次/分钟）＝（最大心率－安静心率）×50%～

85%+安静心率。

相关研究成果表明，最适宜的锻炼强度是心率为130～150次/分钟时。当运动心率在110次/分钟以下时，机体的血压、血液、尿液和心电图等指标均无明显变化，健身价值不大；当运动心率为140次/分钟时，心脏每搏输出量接近并达到最佳状态，健身效果明显；当运动心率为150次/分钟时，心脏每搏输出量最大，健身效果最佳；当运动心率为160～170次/分钟时，虽无异常反应，但也没有更好的健身效果；当运动心率达到180次/分钟时，人体内的免疫球蛋白减少，易感染疾病且易产生疲劳感。可知，经过总结最佳运动心率如下。

男31～40岁（女26～35岁）：141～150次/分钟；
男41～50岁（女36～45岁）：131～140次/分钟；
男51～60岁（女46～55岁）：121～130次/分钟；
男60岁以上（女56岁以上）：100～120次/分钟。

（3）根据自感运动强度设定运动强度。

自感运动强度（RPE得分）的概念瑞典科学家Borg于1962年提出的，来得到了广泛的应用。RPE得分因运动种类及对运动的熟练程度不同而有所差别，对于习惯运动的人来说，可靠性较高。运动者的运动感觉得若为12～15分，说明运动强度是合理的，此处不展开介绍。

2. 力量性运动强度的设定方法

评定力量性运动强度的指标有负荷强度、持续时间、重复次数、完成组数，可根据锻炼者的自身情况和锻炼目的确定。

（1）负荷强度：力量性运动的负荷强度（RM）是指所加负荷的重量，如练习者只能连续举起某种重量5次，则该重量就是5RM。相关研究表明，1～5RM的负荷训练能使肌肉增粗，可以提高力量和速度；6～10RM的负荷训练能使肌肉粗大，但对耐力的增长不明显；进行10～15RM的负荷训练后，肌纤维的增粗不明显，但力量、速度、耐力均有增长；进行30RM的负荷训练后，肌肉内的毛细血管增多，耐力提高，但力量、速度的提高不明显。

（2）持续时间：完成1次练习的时间，即由起始姿势开始，至还原到起始姿势所需的时间。动力性力量练习时，一般完成1次动作的时间为4～6秒，举起负荷的时间为1～2秒，放下负荷的时间为2～4秒。静力性力量练习的持续时间每次一般为10秒左右。

（3）重复次数：连续完成的次数。动力性力量练习中，每组可重复的次数取决于RM的数值，如负荷强度取8RM，锻炼时可重复的次数则为8次；动力性力量练习次与次之间没有间隔，连续进行。静力性力量练习中，每组重复的次数由少到多，一般3～5次即可；每次静力性力量练习之间的间隔时间约为锻炼时间的2倍，如锻炼持续时间为10秒，则间隔时间为20秒。

（4）完成组数：需要练习运作的组数。动力性力量练习，一般重复3～5组；组间间歇时间的长短主要取决于运动方式和目的。纵向研究表明，组间长间歇（2～3分钟）比短间歇（30～40秒）更能有效增强肌肉的爆发力。如果训练的目的是增强绝对力量，建议至少安排3～5分钟的间歇时间。短于2分钟的间歇时间常导致血液中乳酸浓度的急剧增加，也会加重疲劳程度。对于大肌群参与的大负荷、多关节运动（如深蹲、卧推等），间歇时间为 2~3 分钟；对于辅助性运动（即作为主要核心运动形式的补充，包括一些需要在器械上进行的运动，如小腿屈伸等），1~2 分钟的间歇时间就足够了。

3. 伸展性运动强度的设定方法

（1）有固定套路的伸展运动，其强度一般为 4~5 MET（40%~50%）。

（2）伸展运动的一般运动强度可分为大强度、中强度、小强度。

大强度：以四肢及躯干大肌肉群的联合动作为主，可加负荷并有适当的间隙。

中强度：多个关节或肢体的联合运动。

小强度：四肢个别关节的简单运动，轻松的腹背部肌肉运动等，运动间隙较多。

（四）运动处方的持续运动时间

处方的持续运动时间是指每次持续运动的时间。对于中老年人来说，以健身为目的的运动，强度小而时间长的处方效果好；对于青少年来说，短时间、反复多次的激烈运动处方对促进健康有很好的作用。

1. 耐力性运动

耐力性运动持续的时间长短与运动强度成反比，即运动强度大，持续时间则可相应缩短；运动强度小，运动时间可相应延长，但以低强度、长时间为宜。此方法可以降低心血管疾病和运动损伤的发生率。体能较差者应以低强度运动开始，逐渐增加运动强度和运动时间；经常参加训练、身体机能好者，每次训练的持续时间可较长。耐力性运动的持续时间一般为每次 60 分钟（包括准备活动和整理活动），其中至少要有 15 分钟将心率保持在靶心率范围内。体能较差者可分段进行，即每次运动为 10 分钟，最后累计达到总时间即可。

2. 力量性运动的运动时间

力量性运动加上准备活动、整理活动的时间应持续约 75 分钟，可依据锻炼者不同的身体状况和锻炼目的调整。

3. 伸展性运动的运动时间

成套的伸展运动时间一般比较固定，如 42 式太极拳的运动时间约为 6 分钟，广播体操的运动时间大多为 8 分钟。

不成套的伸展运动时间有较大的差别，主要由伸展运动的节数决定，一般完成 8~12 节需要 12 分钟。

每次持续时间和运动强度的配合，可明显地改变运动量的大小。一般来说，健康的成年人宜采用中等强度、长时间的运动方式；体力弱而时间充裕的人，可采用小强度、长时间的运动方式；体力好但时间不充裕者，可采用大强度、短时间的运动方式。

（五）运动处方的运动频率

在运动处方中，运动频率是指每周的锻炼次数。根据相关研究可知：当每周锻炼次数多于 3 次时，最大摄氧量的增幅逐渐趋于平缓；当锻炼次数增加到 5 次以上时，最大摄氧量的增幅就很小；而当每周锻炼少于 2 次时，最大摄氧量通常不变。由此可见，每周锻炼 3~4 次是最合适的。作为一般健身保健或处于退休和疗养状态者，坚持每天锻炼 1 次效果更好。

关于必要的运动频率，池上晴夫的研究结果是：每周运动 1 次，运动效果不蓄积，肌肉酸痛和疲劳的感觉每次都有，运动后的 1~3 天身体不适，且易发生伤害事故；每周运动 2 次，肌肉酸痛和疲劳减轻，效果不明显；每周运动 3 次，且基本上隔日运动，不仅效果可以充分蓄积，也不会产生肌肉酸痛和疲劳的感觉；如果增加频率为每周 4 次或 5 次，效果更加明显。

美国国家航空航天局的科学家们证实，肌肉一旦停止运动，退化速度是十分惊人的。人如果连续 3 天不运动，肌肉最大力量会损失 1/5。相关实验表明，在运动后的 48~72 小时，运动者必须使肌肉再次获得合乎需要的物理效果，否则就会前功尽弃。因此，只有坚持每天运动 20 分钟，才能保持锻炼效果，若因故中断，大家每周至少也要锻炼 3 次。

（六）运动处方的注意事项

（1）在制订运动处方时，应遵循运动处方的科学原理。

（2）运动前要做好准备活动，运动后要做好整理活动。

（3）在进行心肺耐力训练前和训练过程中，应加强医务监督，根据锻炼者的身体状况做好相应的监护工作。

（4）进行力量训练时，要注意自身的安全问题，预防运动损伤。在大型力量练习器械上锻炼前，要掌握相应的使用方法，随时注意检查器械的安全性。必要时，应争取得到教练、同伴的保护与帮助。

（5）根据锻炼的具体情况提出相应的注意事项。例如，高血压患者应避免做静力性练习，糖尿病患者应注意血糖的变化等。

第二节　运动处方的制订与实施

制订运动处方时，首先应按照一定的程序进行系统的检查，获得为制订运动处方必需的全面资料，只有这样，制订出的运动处方才能切实符合个人的条件。

一、运动处方制订的基本原则

（一）全面的原则

在运动处方的制订和实施过程中，应注意维持人体生理和心理的平衡，以达到全面促进身心健康的目的。

（二）因人而异的原则

运动处方必须因人而异，不可千篇一律。要根据每位锻炼者的具体情况制订出符合个人身体客观条件及要求的运动处方。不同疾病的运动处方不同，即便对于同一疾病，若处于不同病期，运动处方也不同。

（三）有效的原则

运动处方的制订和实施应使锻炼者的功能状态有所改善。制订运动处方时，要科学、合理地安排各项内容；在运动处方的实施过程中应按质、按量认真完成锻炼。

（四）安全的原则

运动处方应保证在安全的条件下进行，若超出安全的界限，则可能发生危险。在制订和实施运动处方时，应严格遵循各项规定和要求，以确保锻炼者的安全。

二、运动处方制订的依据

运动处方是以现代生理学、病理生理学知识协助体育运动广泛开展的一种方式，可以让中老年人和某些慢性病患者都能安心参加身体锻炼，使体育运动更加科学化，达到健身与防治疾病的目的具有重要意义，还可减少不适当运动引起的身体伤害。制订一份合理的运动处方，主要应从有关的运动试验、机能检查、自觉症状、运动条件及运动目的等方面了解相关情况。

（1）一般检查：收集病史、运动史等信息。①了解运动的目的及对运动的期望；②询问病史，如既往史、家族史；③了解运动史，如运动爱好、目前运动情况等；④了解社会环境条件，如职业、工作与劳动条件、生活环境、经济条件和营养状况等，以及能够利用的运动设施、有无指导等。

（2）临床检查（包括人体测量及体质测定）：这里所指的临床检查相当于所谓成人病的检查。检查的目的：①对现在的健康状况进行评价；②判明能否进行运动和运动负荷试验；③是否有潜在性疾病或危险因素。总之，医学检查的基本目的在于掌握个人的身体状况，为制订运动处方提供必要的信息。

（3）运动负荷试验及体力测验。运动负荷试验是制订运动处方的基本依据之一。运动负荷试验的方法很多，应根据检查的目的和被检查者的特点来选择适合的方法。目前普遍采用的方法是"递增负荷运动试验"，这是利用运动平板或功率自行车等进行测试。在试验过程中逐渐增加运动负荷强度并测定某些生理指标，直至受试者达到一定的用力程度。体力测验是运动负荷试验无异常的人才能接受的测验，即进行肌力、爆发力、柔韧性等运动能力和全身耐力的测验，一般认为，12 分钟跑步测验与最大摄氧量的相关系数最高。所以，库珀提出的有氧代谢运动的体力测验包括走、跑、游泳，大家可以任选其中之一用来检查、衡量心血管系统的功能。由于测验的运动强度较平常高，且要求受试者尽力而为，因此，参加测验的人必须符合下列条件之一：①35 岁以下，身体健康；②有 6 个月以上的运动经历；③按库珀介绍的锻炼计划至少运动了 6 周。

（4）制订运动处方，安排锻炼计划。在掌握了锻炼者的健康状况、体力水平及运动能力后，应按其情况制订运动处方。处方中主要规定了运动强度的安全界限和有效界限、必要的运动量（运动时间）、每周的运动次数等。一般按照初定的运动处方试行锻炼，对于不合适之处，可以微调，调整后要坚持锻炼 3～6 个月，随后进行体力测验，重新制订长期运动处方，以不断提高锻炼效果。

三、运动处方的实施

（一）运动处方的个性化

制订运动处方时要因人而异，即除考虑功能的评定结果外，还要考虑处方对象的性别、年龄、健康状况、锻炼基础和女性的生理周期等客观条件，只有这样才能合理安排锻炼内容和锻炼时间。

（二）以有氧耐力运动为基础

耐力是指人体长时间进行肌肉工作（或对抗疲劳）的能力，而心肺耐力是指人体长时间进行有氧工作的能力。心肺耐力水平主要与呼吸系统摄入氧气、心血管系统运输氧气和肌肉组织利用氧气的能力有关。心肺耐力与人体健康的关系最为密切，如果心肺耐力低下，发生心血管疾病的危险性就会显著增加，而提高心肺耐力有助于提高人们的生活质量，提高从事体力活动的能力，降低由于静坐少动的生活方式所造成的患心血管疾病和代谢性疾病的概率。制订运动处方时，应明确运动者体力的差别比性别和年龄的差别更为重要。因此，即使不根据性别、年龄的差异，而只以体力（全身耐力）情况作为基础来制订运动处方也是适宜的。提高心肺耐力的有效途径是进行有氧运动。有氧运动是全身主要肌肉群参与的节律性周期运动，如健步走、慢跑、骑自行车、上下台阶、登山、游泳、滑雪、滑冰、非竞赛性球类运动，以及我国的传统体育项目，如太极拳、五禽戏、八段锦等。

（三）保持安全和有效界限

为了提高全身的耐力水平，运动达到改善心血管和呼吸功能的有效强度，即靶心率范围。如果运动超过这个上限，就可能出现危险，而这个运动强度或运动量称为安全界限。而达到这个有最低效果的下限，称为有效界限。安全界限和有效界限之间，就是运动处方安全而有效的范围。身体条件差的人（如年老、体弱、患病），运动条件受限制较多，制订运动处方时应严格限定运动内容；反之，身体条件好的人，自由度大，运动内容可以不限定。

（四）运动效果的特异性

锻炼前，体质差的人从事强度小的运动也能收到显著效果，而体质强的人需要更高的运动强度的刺激才能见效。运动时，大家身体的生理适应能力根据运动类型或方法有所不同，这一现象称为运动效果的特异性。一般认为运动效果是有特异性的，因此根据目的而选择适合的运动种类很重要。

四、运动处方的调整

即使是根据检查结果用计算机算出的运动处方，也不能适合所有人使用。因此，对于初定的处方，要在实行过程中进行一次或多次微调，使之符合相应的条件。安全、有效的运动处方，不是他人给予的，而是自己制订的。若按照运动处方锻炼，一般可在6~8周后获得明显的效果。此时，需要再次进行运动处方的有效性评定，对其进行相应的调整，以进一步提高锻炼效果。

五、运动处方效果评价

运动处方效果评价是对运动处方进行全面评价的过程。在评价运动处方效果时，应根据评价的目的、意义、特点、种类、效果等进行。

（一）运动处方效果评价的目的

（1）确定运动处方的科学性与合理性。

(2) 确定运动处方是否适合目标人群，是否可以按计划进行。

(3) 确定运动处方达到预期目的的程度及其影响因素。

(4) 确定运动处方的投资结果，明确经济效应和社会效益。

(5) 总结运动处方的成功经验与不足之处，提出进一步的研究假设。

(二) 运动处方效果评价的特点

(1) 评估内容具有综合性，包含生物、心理、行为以及社会适应力、总体感觉等的功能和质量。

(2) 反映人体多功能或行为个体状态，实验室检查结果和体质测试结果。

(3) 在评价角度方面，多采用自我评价，即由个人评价运动处方，或者由他人评价运动处方。

(4) 可使用各种量表进行测量。

(三) 运动处方效果评价的种类

1. 形成评价

形成评价可采用资料的回顾、目标人群调查、现场观察、试点研究等形式进行，评价时应考虑整个处方的科学性、合理性、技术上的适宜性，以及目标人群的可接受性等。

2. 过程评价

过程评价起始于运动实施之初，贯穿运动的全过程。

(1) 过程评价的作用。

①评估项目运作情况。

②修正项目计划。

(2) 过程评价的实施方法。

①直接观察各项干预活动。

②举办项目工作者会议。

③追踪了解情况。

(3) 过程评价指标。

①项目提供的干预活动：类型、次数、每次活动的持续时间。

②目标人群参与情况。

③有效指数：有效指数（EI）= 干预活动暴露率/预期达到的参与率。

3. 效应评价

效应评价是指评价由运动处方导致的与目标人群健康相关的行为及其影响因素（如倾向因素、促成因素、强化因素）的变化和行为改变率等。

4. 结果评价

(1) 健康状况。

①生理、生化指标。

②体质测试指标。

(2) 生活质量。

①生活质量指数。

②日常活动量表。
③生活满意度指数量表。

5. 总结评价

总结评价是指形成评价、过程评价、效应评价和结果评价的综合，以及对各方面资料做出的总结性概括。

6. 运动处方的身心效果评价

运动处方的身心效果评价是相当复杂的过程，包括身体机能适应和心理作用两方面。身体机能是指身体各器官系统机能的总称，运动处方的身体活动练习对人体构成运动刺激，而人体会对这种刺激产生相应的反应。运动处方对于身体机能系统的直接作用主要涉及心肺功能、身体成分、肌肉活动的力量和关节活动的柔韧性。

第三节　常见病运动处方实例

一、冠心病患者的康复运动处方

冠心病是冠状动脉粥样硬化性心脏病的简称，它是一种由于冠状动脉发生粥样硬化病变而导致管腔狭窄、阻塞，造成心肌缺血、缺氧，然后引起胸闷、憋气、心绞痛、心肌梗死，甚至猝死等的心脏病，又称缺血性心脏病。冠心病是影响人类寿命最主要的慢性疾病之一，也是老年人常见的心血管疾病。

根据病程进展和康复治疗的特征，国际上将冠心病的康复治疗分为三期，即住院期（Ⅰ期）、恢复期（Ⅱ期）和慢性期（Ⅲ期）。住院期指急性心肌梗死或急性冠脉综合征住院期，主要康复内容是康复教育和低水平的体力活动；恢复期指患者出院后到病情稳定的时期，为5~6周，主要康复内容是逐步增加体力活动，为恢复工作做准备；慢性期指患者病情长期处于稳定状态，或住院期结束的冠心病患者所处的阶段，包括陈旧性心肌梗死、稳定型心绞痛和隐性冠心病。慢性期又称冠心病慢性期或维持期，康复期可为2~3个月，结束后应坚持锻炼。

（一）运动目的

运动可以改善患者体内的脂质代谢情况，防止和缓解粥样斑块在血管壁上沉积；促进侧支循环，改善缺血区的血液灌流量，增加心肌供血和供氧，提高心脏的工作效率；减轻心脏负荷，降低冠心病危险因素的威胁；恢复体力，防止冠心病复发。此外，运动还可提高患者的生活质量，最大限度地发挥心脏的潜能；转移患者对疾病的注意力，调动患者内在的积极因素，使患者能够主动掌握动和静的规律，有助于降低心绞痛的发作频率。

（二）运动项目

1. 恢复活动

为了使患者恢复健康，鼓励其回归日常活动，可以通过家务劳动、购物等实现。

2. 有氧运动

慢性冠心病患者最基本的康复项目为有节律的有氧运动，且应以大肌群活动为主。有氧运动常采用的运动项目有快走、慢跑、骑自行车和游泳等。

3. 力量练习

相关研究表明，力量练习对处于冠心病慢性期，以及需要进一步恢复体力和预防老年性骨质疏松的老年患者而言，有助于增强心血管功能和改善肌力、肌耐力，因此，应该鼓励大部分冠心病患者参与抗阻训练。冠心病患者可以在掌握适当的技巧下开展肌力练习，且应在练习时注意动作缓慢、充分伸展，避免紧张、憋气，保持规律呼吸。

冠心病患者力量练习的主要方式是等长运动和循环力量训练，运动时注意正常呼吸，可进行踝关节静力性背伸、静力性直腿抬高并逐渐发展为站桩、蹲马步等项目。训练时，可以利用弹力带、较轻的腕部重物或者低负荷的器械等。

4. 综合练习

综合练习是指进行放松性运动、医疗体操和柔韧性练习等。

（三）运动强度

运动强度是在制订心脏病人运动处方中最重要、最困难的部分，对运动的效果和安全性有直接影响。身体状况比较好、病情较稳定的患者，可以正常运动，而运动初期和机能状态稍差的患者应适当降低运动强度。

判断运动强度是否合适的简单方式：运动时稍出汗，呼吸轻度加快但不影响说话，全天感觉舒适，无持续的疲劳感，原有疾病症状没有加重，饮食、睡眠情况良好。

（四）运动时间

一般来说，运动时间与运动强度呈负相关，低强度的运动需要较长的运动时间来达到增强心脏功能的目的。低强度运动可降低并发症的发生概率和减少运动风险，达到靶心率强度，并维持10~20分钟较为适宜；若强度低，则时间可以适当延长。运动前应该进行5~10分钟的准备活动（如伸展活动、关节活动等），运动结束后还应进行5~10分钟的整理活动。每次运动的总时间宜掌握在1小时以内，且应根据患者的耐受能力灵活调整。

冠心病患者的康复运动训练时间应该避开肾上腺素和去甲肾上腺素分泌的高峰期（凌晨1：00—3：00和9：00—11：00），建议在下午或傍晚运动。

（五）运动频率

若要取得运动效果并得以维持和积累，每周的运动次数应不少于3次，而国际上普遍推荐的运动频率为每周3~5次。

（六）注意事项

（1）康复训练的安全性。注意冠心病患者的三大运动风险，即年龄、病情和运动强度。因此，在制订运动处方时必须进行全面考虑，最好经过医生的检查和评估，确定冠心病的类型，并确保患者符合锻炼条件。

（2）遵循个体化、循序渐进的原则。评定个人能力时应根据个体情况循序渐进完成运动，从低强度开始，切忌在初次活动时就进行中高强度或大运动量练习，还应该避免突然增加运动量和过度训练，甚至开展竞技性运动等。

（3）在运动过程中，相关人员要对患者进行监督并给予必要的指导。若患者在运动时或运动后出现以下情况，应暂时停止练习：①运动时自觉胸痛、呼吸困难、眩晕或诱发心绞痛。②运动时，心率超过85%，心率波动范围超过20次/分钟，或超过平时的心率40次/分钟。③运动时收缩压上升大于30毫米汞柱或下降15毫米汞柱以上；舒张压上升大于20毫米汞柱。④运动后心电图监测ST段下移大于或等于0.1毫伏或上升大于或等于0.2毫伏。⑤运动时或运动后出现严重的心律失常情况。

（4）做好充分的准备活动和整理运动。准备活动又称为热身运动，作用是使心率逐渐增加，能避免运动时因心率骤然升高而增加心脏的负担。整理运动可以逐渐降低运动强度，防止人们由于骤然停止运动而晕厥。

（5）调整运动处方。运动处方在实施过程中应定期调整，当健康情况发生变化、心血管药物变更或发生意外事件时都应作相应调整。

（6）运动前2小时应避免饱食或饮用兴奋性饮料，运动后应避免即刻进行热水浴，以免血压下降、心律失常。

二、高血压患者的康复运动处方

高血压是指动脉收缩压和/或舒张压分别达到或超过140毫米汞柱及90毫米汞柱，以及需要服用降压药或被医生或其他健康专业人士至少2次告知血压升高的情况。高血压按其发病原因分为继发性高血压和原发性高血压。

继发性高血压是由于某种疾病导致的血压升高，如肾小球肾炎、慢性肾盂肾炎等。这类患者占高血压总患者数不足10%。

原发性高血压是由于长期外周血管阻力增加，损害动脉壁，进而导致动脉血管硬化的发生而形成的。如果原发性高血压与高脂血症等危险因素并存，则会加速脏器动脉硬化病变的发生和发展，最终可能导致脑卒中、心肌梗死、心力衰竭及慢性肾脏病等重要器官损害的独立性全身疾病，这类病约占高血压患者患病总数的90%以上。

高血压被称为"安静杀手"，因为患者在发病早期往往没有症状，待发现后为时已晚，不仅致残、致死率高，而且严重消耗医疗资源和社会资源，给家庭和国家造成了沉重的负担。国内外的实践证明：高血压是可以预防和控制的疾病，而降低高血压患者的血压水平能够明显减少脑卒中及心脏病发生率，显著提高患者的生活质量。

（一）运动目的

运动可调节高血压患者的运动中枢，还能调节植物性神经功能，降低交感神经兴奋性，提高迷走神经的兴奋性，缓解小静脉痉挛，降低血压；还可降低毛细血管、微动脉及小动脉的张力，调节血液循环和血液中升压激素和降压激素的含量，使升压激素含量降低，降压激素含量，从而有效降低血液的黏滞度。另外，运动还可减轻患者应激反应，缓解紧张情绪，消除焦虑状态。

运动的具体作用可表现在以下三个方面。

（1）降压作用：通过运动疗法将血压降至正常水平，从而降低心血管疾病发生的风险。

（2）控制相关病症的（如肥胖、糖尿病、高脂血症等）危险因素，运动疗法能延缓和改善由于高血压导致的重要靶器官病变，如冠心病和脑卒中等。

（3）预防高血压患者出现心肌肥大的情况。

（二）运动项目

1. 有氧运动

高血压患者应选择降低外周血管阻力的有氧运动为主，如步行、慢跑、骑自行车和游泳等。老年高血压患者可选择太极拳、气功、降压操运动项目等。另外，高血压患者也可根据自己的兴趣爱好选择一些容易令自己放松、有节奏、便于监控的全身性运动项目。

2. 力量练习

力量练习可以有效降低高血压患者安静状态下的收缩压和舒张压。因此，建议轻度高血压和健康状况良好的老年人进行循环抗阻训练，练习时可采取中、小强度的体操，或用弹力带练习躯干和四肢肌力。练习时，患者应避免体位变动较大的运动项目，且练习过程不要憋气。

（三）运动强度

中低强度的有氧运动容易被坚持和接受，且不容易引起肌肉、骨骼损伤和出现心血管意外，提倡患者在运动后以感很轻松或者稍累为宜。

（四）运动时间

高血压患者每次的运动时间为 20~30 分钟。

相关文献记载，6：30—7：30 和 15：30—18：30 为血压高峰期。因此，高血压患者运动时要避开这些时段，宜在 9：00—11：00 或 14：00—15：00 运动。

（五）运动频率

高血压患者进行有氧训练的频率以每周 3~5 次为宜，若运动强度较小，则每周运动 5 次以上较为宜。肌力训练可每周进行 2~3 次。

（六）注意事项

（1）运动评估：在进行运动处方制订前，需要确定如下事项。

①动脉粥样硬化的危险因素。

②检查靶器官的受损程度，诊断有无并存病变。

③对患者（包括心肺和运动器官的功能）进行运动试验和功能评定。

④欲进行循环抗阻训练的轻度高血压患者，应进行肌肉等长收缩试验，以测定患者进行循环抗阻训练的安全运动强度。

（2）分组：根据评估结果，分为高危、中危、低危，以及单纯性老年高血压患者。

①高危组：处于中度高血压水平，有 3 种或 3 种以上危险因素，兼有糖尿病或心、脑、肾等重要器官损害，可参考冠心病患者的康复运动处方，或请医生予以帮助。

②中危组：处于轻至中度高血压水平，有 1~2 种危险因素。在收缩压大于或等于 140 毫米汞柱或舒张压大于或等于 90 毫米汞柱时，可以进行运动治疗，但是需要严密监控。若安静时的收缩压大于 200 毫米汞柱，舒张压大于 110 毫米汞柱，则不能运动，要谨慎地将运动中的血压维持在收缩压小于或等于 220 毫米汞柱，舒张压小于或等于 105 毫米汞柱这一范围内。

③低危组：男性小于 55 岁，女性小于或等于 65 岁，无其他危险因素者属于低危组。低危组为高血压运动方案最佳参与人群，运动疗法不仅能降压，而且可以维持理想的血压

水平,还可以防止和延缓由于高血压引起的重要器官损害。

④单纯性老年高血压患者,其周围血管阻力明显高于中年高血压患者,血管硬化程度随年龄增长而增加,左心室肥厚明显,在制订处方时,应考虑此病理生理特点。

(3) 考虑降压药物对运动的影响,在制订处方时,应了解患者服用的降压药种类及药物可能引起的生理反应。

①利尿降压药在正常使用的情况下不会影响安静心率、最大心率及运动能力,可采用标准方法计算靶心率,但大剂量的利尿降压药可引发低血钾的状况,从而导致人在运动时发生严重性心律失常。

②有血管扩张作用的降压药不会改变因运动负荷增加而发生的心律反应,运动后充分进行整理活动可防止发生低血压。

③血管紧张素转换酶抑制剂和中枢性降压药不会影响运动中产生的血流动力学反应,可按照标准方法制订运动处方。

高血压患者参加运动后,可根据血压情况调整降压药物,但不能随意停用降压药。一般运动2周后,可出现降压效果,此时应该坚持运动并持之以恒。

(4) 运动监测:高血压患者参加运动或增加运动强度时,应在运动前、运动后监测血压。患者合并冠心病时,则按冠心病运动方案标准进行监测或非监测运动并监测运动过程中的血压和心电图。

(5) 运动处方实施:运动前要热身,运动中防止出现外伤,运动后进行放松;出汗过多时,要注意补充水分及无机盐;运动中避免低头弯腰动作和大幅度的快速动作,保持精神放松、情绪愉快,自然呼吸,不要屏气。

(6) 合理安排生活并控制体重:生活要有规律,要保证充足的睡眠,劳逸结合,戒烟酒,避免摄入高盐、高脂、高糖食物。

思考题

1. 运动处方的适用人群有哪些?
2. 运动处方的基本要素有哪些?
3. 制订高血压患者运动处方时应注意什么?
4. 制订运动处方的程序有哪些?

第六章 我国社会体育的基本形式

> **内容提要**
>
> 农村体育、职工体育、社区体育是我国社会体育的重要组成部分，这三种体育形式各具特色，相互补充，共同组成了我国丰富多彩的社会体育体系。无论是职工还是学生，大家都能找到适合自己的体育活动方式，享受体育带来的乐趣。

第一节 农村体育

一、农村体育的意义和任务

（一）农村体育的意义

农村体育是指在县级及其以下农村中，农民运用简易体育设施和器材，或者依托自然环境，通过符合农村地域环境特点的传统项目、乡土项目或者形式灵活的现代项目来实现强身健体、休闲娱乐、社会教育、社会交往目的的群众性体育活动。

当前，我国农民仍以体力劳动为主，劳动强度大、季节性强。因此，农民在开展体育活动时表现出闲时活动多、忙时活动少、坚持业余、不误生产的特点。农民开展运动竞赛的特点是小型分散，较多地方常是利用节假日组织比赛。近年来，我国农村经济蓬勃发展，农民生活水平有了较大提高，许多地区以乡镇为单位，积极开展群众性体育活动，除开展篮球、游泳等活动外，还开展了许多具有民族特色和地方特色的体育活动。这里所提到的农村体育主要是指其中属于社会体育的部分。大力发展农村体育有着非常重要的意义，具体表现在以下几个方面。

（1）大力发展农村体育可以促进农民的身心健康。

农民由于长期从事农田劳作，身体十分劳累且缺乏正确的锻炼，容易导致身体出现亚健康状态。而进行农村体育活动（如乡村马拉松、广场舞、太极拳等），可以为农民提供锻炼身体的机会，有助于提高农民的身体素质和免疫力，预防疾病的发生，提高生活质量。

（2）大力发展农村体育可以促进农村社区的发展。

大力发展农村体育可以促进农村社区的发展，农村社区是农村居民的集中居住区域，发展农村体育可以为农民提供一个共同的活动平台，增强社区凝聚力。农民体育活动可以丰富农民的精神文化生活，促进邻里之间的交流，使社区环境和谐、稳定。

（3）大力发展农村体育可以促进乡村旅游的发展。

农村地区的自然环境和乡村风貌具有独特的吸引力，发展农村体育旅游可以吸引更多的游客前往农村地区观光、休闲、度假、采摘，推动农村旅游业的发展。乡村马拉松、登山活动等体育赛事可以将乡村风光和体育活动结合起来，给游客带来不一样的赛事体验。

（4）大力发展农村体育可以增强大多数人口的体质。

在建设具有中国特色的社会主义伟大事业中，发展农业、建设农村、带领农民实现富裕生活是十分重要的。发展农村体育在我国体育事业发展中也占据着基础和战略地位。农村体育的发展趋势直接关乎中国大多数人口的体质和健康水平，所以，大力发展农村体育也是实现健康中国的必经之路。

（5）大力发展农村体育有利于社会主义物质文明与精神文明建设。

（6）大力发展农村体育有助于丰富农民的业余文化生活，有助于农民养成健康、科学、文明的生活方式。

（二）农村体育的任务

当前，我国农村体育的主要任务是努力普及群众性的体育活动，不断提高广大农民的身体素质和运动技术水平，从而为丰富农民的业余文化生活服务。

我国农村体育虽然已有了较大的发展和进步，但仍然存在着一些问题，如广大农民的身体素质不尽如人意，即身体形态、素质、机能等大部分指标低于科技人员、行政管理人员、工人等人群，部分地区的农民仍是癌症、心血管疾病和各种传染病的高发人群。另外，一些地区忽视农村体育工作，没有把体育作为农村两个文明建设的重要内容摆到应有的位置。多数农村的体育场地、器材还非常匮乏。因此，为了完成我国农村体育的任务，需要做的工作主要有以下几项。

（1）进一步提高对农村体育工作的认识，把发展体育事业纳入小康村镇建设发展规划，并以此作为农村社会主义精神文明建设的重要组成部分和创建文明村镇活动的重要内容。

（2）积极引导和加快建设符合农村特点、植根于农民群众之中的各种社会体育组织，发挥以农民体育协会为主体的各种社会体育组织的作用，形成农村健身组织体系。

（3）要结合农村集镇建设，进一步有规划、有目标地建设体育场地，为农民提供充足的物质条件。

（4）积极培训以社会体育指导员为主体的农村体育骨干队伍，发挥他们在组织群众开展科学健身中的重要作用。

（5）从农村体育的特点和规律出发，努力探索适合农民特点的体育活动方式。

（6）组织各种竞赛活动，充分发挥竞赛的杠杆作用。

（7）积极推进农村体育的社会化进程，大力倡导社会团体和个人修建体育场所，举办小型竞赛和业余训练，设立体育健身指导站等。

二、农村体育管理内容

（一）农村体育的组织管理系统

农村体育的组织管理系统主要是指农村体育的管理机构设置及其权限的划分。

从管理机构的性质看，农村体育组织机构主要有以下几种。

（1）各级政府中的农村体育管理机构。我国各级政府体育机构中都设有负责监管农村体育的专门机构，如国家体育总局的群体司、各省市县体育局（文体局或教体局）中的群体处、群体科等。

（2）各级群众组织中的农村体育管理机构。这里主要是指共青团、妇联等组织中的专门领导、管理体育的机构，负责对农村妇女、青年的活动进行管理。

（3）农村体育管理的社会团体。这里主要是指自1986年以来成立的各级农民体育协会。

（4）农村体育管理的民间组织。这里主要是指由农民体育爱好者自发组织起来的、各种各样的群众性体育团体，如武术俱乐部、钓鱼协会、冬泳协会、棋社、晨练站点等。

（二）农村体育管理工作的主要内容

（1）制订农村体育的发展规划。
（2）制订农村体育管理工作制度。
（3）加强对农村社会体育指导员队伍的建设和管理。
（4）进行农村体育工作的监督、检查、评比。
（5）促进农村体育社会组织的建设。
（6）组织开展农民体质测试工作。
（7）建立和完善农村体育竞赛制度。
（8）借助各种新闻媒体并运用各种宣传方式积极开展农村体育的宣传教育工作。
（9）组织、开展对农村体育的研究工作。
（10）加强对农村体育经营活动的管理。

（三）农村体育基层组织管理系统

农村体育的基层组织管理可划分为县级体育组织、乡镇体育组织和村级体育组织三个管理层次。县级体育组织主要包括县政府主管体育的部门及体育社会团体。其主要职责是对全县的农村体育进行规划、管理和协调，组织县级大型体育活动和竞赛。乡镇体育组织是县级体育组织与农村体育组织的中介，主要负责乡镇范围内的体育工作。村级体育组织是农村体育中最基层的组织，直接联系广大农民，组织开展农民的体育活动。当前，我国农村基层体育组织建设比较落后，许多乡镇、村没有体育组织，也没有专、兼职的体育干部，这导致农村体育在很多地区存在着"盲点"。农村体育实践和农村先进单位的经验表明，建立健全组织体系是发展农村体育的有力保障。长期以来农村体育难以深入开展的主要原因就是缺乏乡镇、村的体育基层组织。因此，加强农村体育基层组织建设是发展农村体育工作中的一项艰巨任务。

（四）农村体育活动的组织管理方式

加强对农村体育活动的组织管理一般可以通过以下几种形式实现。

（1）农村体育组织通过各种方式宣传体育活动的作用，倡导健康生活方式，营造良好的体育意识氛围。

（2）充分发挥乡镇企业的龙头作用。随着农村经济的发展和经济结构的变化，乡镇企业在农村经济中占有越来越重要的地位。农村中越来越多的劳动力集中于乡镇、村办企业中，而乡镇、村办企业的体育物质条件也相对较好。因此，乡镇企业是发展农村体育的龙头，做好乡镇企业的体育工作可带动和辐射广大农村，使更多的农民可以参加体育活动。

（3）发挥复退军人和学生的骨干作用。复员、退伍军人和学生均接受过较为系统的体育教育，有较好的体育基础，可以通过他们进行体育宣传，从而带动其他人参加体育活动。

（4）发挥乡村干部的带头作用。乡村干部作为农村基层领导，有责任带动广大农民积极开展体育活动，借助体育手段做好农村的文明建设工作。同时，他们的观念和行为对农民的影响也较大，这也有利于促进体育活动的开展。

（5）组织丰富多彩的体育活动和体育竞赛。在组织农民参加体育活动时，不仅要将重点放在趣味性、健身性、休闲性、社交性上，还要注意选择地方特色浓郁、民间传统突出的项目，以满足农民的需求。

（6）制订切实可行的农村体育活动计划。若要使农村体育工作持续、合理地发展，从而实现农村体育工作的目标，农村体育组织就必须认真制订农村体育工作计划，且该计划中应包括组织机构、规章制度、场地设施建设、体育经费、体育人口数量、体育活动情况和竞赛的组织、保障措施等内容。

1. 全国体育先进县标准简介

全国体育先进县标准中的主要内容如下。

（1）党政领导重视。

党政领导重视体育工作，将党中央和国务院决定的体育工作方针政策贯彻、落实到位，把它列入国民经济建设和发展计划，指派专人具体分管。政府办公会议应每年研究体育工作2~3次，动员各部门各单位重视体育活动，为农民解决一些实际问题。随着经济的发展，要相应增加县的体育事业经费和基本建设投资，县的体育事业费最低不少于每人0.1元，要努力达到县财政支出的0.5%。

（2）体育机构健全。

县体委机构健全，人员组成合理，有符合"四化"要求的领导班子，还要建立岗位责任制，做到工作有计划、有安排、有检查、有总结。体育干部的事业心要强，应深入基层调查研究，情况明，底数清，手中有典型，能当好领导的参谋，并对体育事业切实发挥领导、协调、监督作用。乡、镇、街道均设有体育机构，有人专门管体育。

（3）群体活动普及。

努力使经常参加体育活动的人口达到全县总人口的35%以上。认真贯彻执行《学校体育工作条例》，中等学校、集镇完全小学和乡中心小学按规定配有专职体育教师，上好体育课，开展早操、课间操和课外体育活动，保证学生每天有1小时的体育活动时间。切实把乡村小学的体育开展起来，能坚持经常活动，各级各类学校都要施行《国家体育锻炼标准》，中等学校、集镇完全小学和乡中心小学要有80％的适龄学生达到及格以上标准。广泛开展机关、厂矿、企业的职工体育活动，大多数单位开展早锻炼、工间操、多种多样的体育活动。

农村要依靠文化中心、文化站、青年之家和农民体育协会开展体育活动，乡、镇、街道都要有组织机构、有场地设施、有运动队伍，平时有活动，农闲时间、节假日有比赛，每个乡、镇、街道和50％的村，每年至少组织4次体育比赛。

（4）业训成绩显著。

采取多层次、多渠道、多形式培养体育人才。办好县的业余体校，有条件的乡、镇、街道要办好业余体校，一批体育传统项目学校得到发展，中等学校和完全小学的体育代表队能坚持常年训练，不断调整、充实系统训练人数，形成业余训练网络。

（5）竞赛形成制度。

有计划、有目的地运用竞赛手段推动农村体育的普及，促进农村体育水平的提高。竞赛安排科学，组织合理，重点突出，形成制度。重视竞赛改革，调动各方面积极性，采取各种形式举办竞赛。各部门各方面的单项比赛经常开展，定期举办运动会，使节假日竞赛制度化。小型、多样的基层竞赛应活跃，经常举办。

（6）注意技术推广。

在建立体育指导中心，加强体育宣传，开展体育咨询，普及体育知识，培训技术骨干、辅助基层活动等方面做出一定的成绩。

（7）建好场地设施。

县要有两场（田径场、带固定看台灯光球场）、一池（游泳池）、一房（综合训练房）。乡、镇要有一场（篮球场或田径场）、一室（训练房或乒乓球练习室），其中半数应有灯光球场或水泥地面球场，学校、厂矿、企事业单位和村应有必要的体育场地。另外，还要加强对体育场地的管理，面向基层，为群众服务。

（8）促进体育社会化。

教育、文化、武装部、工会、共青团、妇联以及其他有关部门都要响应"全党全社会都要重视加强体育工作"的政策，关心和重视体育工作，并密切协作，使全县体育工作不断向深度和广度发展。建立健全行业体育协会、厂矿基层体育协会、老年人体育协会、农民体育协会和重点项目的运动协会，团结广大体育骨干，发挥他们的力量，努力开展各项体育活动。积极发动和支持群众（包括集体和个人）小体育，兴建体育场所，组织运动队，举办比赛等，以此来促进体育社会化。

2. 全国体育先进县的评选与奖励办法

（1）从1985年起，在全国范围内开展争创体育先进县活动。各省、地（市）可参照全国体育先进县标准，结合当地情况制订相应标准评选体育先进县。

（2）参加评选的范围包括国务院批准设立建制的县、旗（含农村人口占50％以上的县级市与郊区）。各个县、旗应积极进取，锐意改革，努力开创新局面，争创体育先进县。

(3) 全国体育先进县,每2年评选1次,每届以当年1月1日为申报截止日期,逾期不予办理。省与地(市)的评选,要和全国评选相衔接,具体安排自行确定。

(4) 全国体育先进县由国家体委负责检查、验收和批准。对已批准的先进县,实行四年复查、个别调整的制度。

(5) 体育先进县的评选,一定要坚持标准,公正求实,严格评选,不得弄虚作假。

(6) 奖励办法。被评选为全国的体育先进县,除精神奖励外,还要给予物质奖励。

3. 开展全国体育先进县评选活动的效应

争创体育先进县活动的开展标志着我国的农村体育逐步由软任务向硬任务的方向发展。该活动一开始,就得到了各级领导的重视和支持,调动了县委、县政府开展体育工作的积极性。该活动使我国农村体育工作的局面发生了较大的变化。不少县体委被县政府授予"目标管理先进单位"或"精神文明先进单位"的称号。

大量事实证明,争创体育先进县活动的开展表明我国农村体育正向着规范化、制度化、科学化的方向发展。

思考题

1. 农村体育的含义是什么?
2. 为什么说发展农村体育可以提高国民体质?
3. 发展农村体育的任务是什么?
4. 怎样做好农村体育管理工作?
5. 组织农村体育活动的意义是什么?

第二节 职工体育

一、职工体育的意义和任务

(一)职工体育的意义

职工体育是社会体育的重要组成部分,参加对象主要包括厂矿企业、事业机关等单位的职工,是以健身娱乐为主要目的,根据业余、自愿、灵活、多样的原则所开展的一种体育活动。职工体育的重大意义主要表现在以下方面。

1. 开展职工体育有利于社会的物质文明建设

开展职工体育可以有效增强职工的体质,提高其工作能力、出勤率和生产效率,有利于物质文明建设。发展生产力是职工所在单位的根本任务,职工则是生产力发展过程中最积极、最活跃的因素。现代生产方式越来越要求职工具有良好的身体素质和精神素质,否则将难以适应现代生产方式的要求。实践证明,职工参加体育锻炼能够有效增强体质,获得良好的体力、耐力和饱满的情绪;也可以提高职工抵抗疾病的能力和应变能力,从而有效预防并降低各种常见病和职业病发生的概率，既可保护劳动力，又可节约医疗资源。另外，职工参加体育活动有助于迅速、有效地恢复体力。

基于对经济利益的考虑，许多企业在工作场所提供健身活动器材或健身讲习班。1992年，中国纺织机械厂改建为中国纺织机械股份有限公司。此后，企业中各部门的自主权更大，生产任务加重，竞争十分激烈。但企业领导人认识到职工的兴趣爱好是一种潜在能量的标志，要主动满足职工的需求，为他们施展才华提供舞台，把那些与企业生产经营无直接联系的能量化为推动企业发展的动力。为了加强职工体育，企业领导人修复了停止使用已经10年的游泳池，又新建了拥有1 000个座位的看台和铺有草皮的小型标准足球场，还改建了一个拥有7 000余平方米的集科技、文化、体育为一体的多功能文化中心。其中，健身房的设施比较完善，环境十分幽雅，吸引了不少职工。这使该企业的劳动生产率不断提高，经济效益呈稳步上升的趋势。

2. 开展职工体育是精神文明建设的需要

开展职工体育能够传播良好的思想道德，培养民族精神；传播体育和保健等科学知识，提高人们的体育文化素养；活跃业余文化生活，形成健康、文明的消遣方式和社会风气，是社会主义精神文明建设的一项重要内容。在职工体育活动中，人与人，人与社会的广泛接触，可培养人们热爱祖国、热爱生活的感情，树立社会责任感，可增强人们团结友爱、同心协力的集体主义观念；与规则、裁判的频繁接触，可以增强职工的民主意识和法治观念，从而逐步形成公正无私、文明礼貌、遵纪守法的社会风尚。在体育活动过程中，人们需要不断克服种种困难，从而培养勇敢、坚毅、果断、顽强等优良个性品质。职工参加体育活动可以获取强身健体、防治疾病和延年益寿的经验，能够从中学习和掌握健美体魄、消遣娱乐的方法。职工在锻炼中调节了身体状况，在娱乐中充实了精神，使生活文明、健康，对于抵制消极、落后、庸俗的消遣活动，形成良好的社会风气具有积极意义。正是基于对职工体育的上述认识，越来越多的企业认识到，体育是对内增强职工凝聚力提高职工队伍素质、发展生产力，对外提高知名度、增强竞争力的一种有效方式，也是增强企业活力的有效措施。

（二）职工体育的任务

职工体育的任务是根据中央的指示、国家的要求、厂矿企业和机关的特点来确定的。职工体育的基本任务确是"发展体育运动，增强职工体质，振奋职工革命精神，为社会主义物质文明和精神文明建设服务"。这项任务包括职工体育运动要紧紧围绕增强职工体质，服从于生产和服务于生产；加强体育活动的思想性，促进精神文明建设；重视体育锻炼的科学性，推进职工体育运动的健康发展等几个方面的内容。具体工作可以划分为下列五项：①建立组织并完善工作制度；②建设必要的体育场地设施；③开展群众性体育活动；包括工间操、医疗体育和多种体育竞赛活动；④组织运动队进行业余训练；⑤在企业之间开展以体育为载体的文化交流活动。

二、我国职工体育的基本情况

（一）职工体育的组织管理

职工体育的组织管理又称为职工体育的组织建设。实践证明，凡是体育组织比较健全的单位，工作计划和工作制度就有人抓，体育活动的组织就比较正常。

1. 职工体育的组织管理机构

我国职工体育的组织管理工作包括行政组织和社会组织两大类。行政组织分为两种类型：一是对体育事业实行全面管理的专门机构，即国家、省、自治区、直辖市、地（市）、县各级体育局。各级体育局是主管职工体育工作的部门，国家体育总局下设社会体育司，省、自治区、直辖市及地（市）、县体育局设社会体育处、社会体育科，它代表各级体育局对全国社会体育工作，包括职工体育工作，实施统一的领导、协调和监督。二是各行各业的体育工作由其主管部门负责，并有相应的体育机构，职工体育的主管部门应为各产业部门。

我国管理职工体育的社会组织分为群众组织和体育社团组织两种。群众组织主要有工会、妇联和共青团。体育社团主要是指各行（产）业体育协会，它们是各行（产）业系统职工根据部门工作的特点和要求建立的群众性体育组织，负责本系统的体育工作。它们既是群众团体，又是领导本部门开展职工体育工作的职能单位。

职工体育的以上各项组织管理工作均在体育总局和有关部门的领导或指导下开展，因此形成了具有中国特色的社会主义职工体育组织管理网络。需要指出的是，我国职工体育的组织管理历来是以工会为主，以体育总局的指导为辅。

随着城市经济体制改革的深入，我国职工体育的组织管理发展迅速，如一些省区市建立了职工体育协会、职工体育联合会和职工体育基金会；一些城市建立了片区联合的地区体育协会、街道体育协会；有的厂矿建立了宿舍区的社区体育协会。

2. 职工体育的组织管理原则

为了更好地贯彻我国职工体育工作的方针，发挥职工体育组织管理的效能，职工体育的组织管理工作应遵循以下原则。

（1）主业与职工体育主次分明的原则。

在市场经济的条件下，各企业的中心工作是抓生产、创效益，各事业、机关单位也都有各自的本职工作。主业为主，职工体育为次。应强调职工体育的重要性，但不能喧宾夺主，冲击企业的正常业务活动。因此，各企业在坚持职工体育常抓不懈的同时，还要根据生产任务或工作任务的轻重缓急，适当调整和安排体育活动。

（2）指令性管理与指导性管理相结合的原则。

职工体育的组织管理工作需要有一定的指令性和指导性，这是由职工体育的组织管理机构的特色决定的。职工体育工作的组织管理应采取指令性管理与指导性管理相结合的原则。指令性管理是指按照国家及群众团体组织颁布的关于职工体育的法律法规、条例、规章、制度等进行的管理。指导性管理主要是指国家各级体育局，作为政府主管体育工作的职能部门，代表国家对各企事业职工体育工作实施的指导、协调和监督等管理行为。

（3）定性管理与定量管理相结合的原则。

所谓定性管理，就是对企业、事业职工体育工作的状况进行评估和管理。定量管理则是对企业、事业单位职工体育各方面状况进行数量化评估管理。定性管理的弊病在于对职工体育各方面状况的了解和判断比较模糊、不具体，对于差别的区分带有较多的主观随意性，而且检查评估的可操作性不强。而量化的指标评价就可以弥补这方面的缺陷。但由于一些衡量指标本身是属于定性判断的指标（如单位领导对职工体育的重视程度是无法用量化指标准确衡量的），因此，采用定性管理和定量管理相结合的原则就能够较好地解决职工体育状况的衡量评估问题。

（4）纵向管理与横向管理相结合的原则。

纵向管理是指按各系统进行的管理，如冶金、煤炭、银行等系统的职工体育工作管理；横向管理是指企事业所在地体育局对其系统体育组织的管理。纵向与横向相结合的管理是条块结合的管理，是条块相互关联、相互促进的管理。

3. 职工体育的基层组织管理方式

职工体育的基层组织管理方式主要有以下几种形式。

（1）单位领导对职工体育的直接管理。

企业、事业单位的领导层对职工体育的认识水平和态度直接影响本单位职工体育活动的开展情况。领导层只有充分认识和理解职工体育的功能、作用，认识到开展体育活动与单位主业之间的相互联系，才能给予职工体育各种支持。

（2）制订职工体育工作计划。

若要使职工体育工作持续、高效发展，必须认真制订本单位、本系统职工体育的工作计划，并将其纳入企事业的整体发展规划。职工体育工作计划应包括工作目标、组织机构、规章制度、体育经费、场地设施的投入与建设，体育活动内容、竞赛组织安排、检查验收方式等内容及其保障措施。

（3）做好宣传鼓动工作，营造良好的职工体育氛围。

一般来说，体育行为受体育意识和体育价值观的影响，若要使广大职工自觉、积极地参加体育活动，应采用宣传板报、广播、电视、报纸、讲演、体育竞赛等方式大力宣传体育的作用，宣传科学锻炼的知识和方法，宣传体育锻炼积极分子的事迹，从而为职工营造良好的氛围。

（4）充分发挥体育骨干的作用。

体育骨干实际上是各单位职工体育组织开展活动的中坚力量和积极分子，负责完成许多具体工作。因此，企事业单位工会应注意发现培养和大胆使用体育骨干，使之在职工体育活动中发挥支撑、带头、示范和组织作用，从而启发和带动更多的职工参加体育活动。

（5）定期组织丰富多彩的体育活动和竞赛。

开展职工体育活动要突出特色、趣味性和健身性，组织丰富多彩的体育活动和竞赛表演，就可以吸引群众投身于体育活动之中，这也是职工体育组织管理工作的主要内容和基本方式。

（6）建立职工体育工作检查评比制度。

对下级各部门的职工体育工作进行检查、评比，这是促进职工体育发展的有效措施。职工体育管理部门和组织应当定期对下级各部门体育活动的开展情况进行检查和评比，对于成绩突出的个人、车间、班组、科室等，应给予物质或精神奖励；对于不响应、不参加、不组织体育活动的部门和组织，应给予相应的批评和处罚。

（二）职工体育资金的管理

体育资金管理是职工体育管理中的重要内容之一。加强对职工体育资金的管理，积极开发，正确分配并使用对于加快职工体育事业的发展，提高职工体育资金的使用效果具有极其重要的意义。管理职工体育资金，就是对职工体育资金的来源、分配和使用进行监督和安排。职工体育资金管理的目标是提高资金的使用效果，即用最少的经费获得最大的效果。

1. 我国职工体育资金的来源

我国的社会主义性质和生产关系决定了职工体育事业的资金在类型上基本属于拨款型。且20世纪80年代以来，资金来源虽然进行了部分调整，但还未发生根本性的变化，国家拨款仍占绝对的主导位置。企事业系统自筹资金的渠道尚待研究开发。从我国的社会制度出发，考虑到国外筹集体育资金的经验，我国职工体育资金的来源应以国家拨款为主，以社会集资为辅，把国家承办和社会办有机地结合起来，开辟多种来源渠道，使之主次分明，互为补充。我国职工体育资金的具体来源渠道主要有以下几个方面。

（1）社会公共消费基金。

在我国国民经济总收入中，用来满足劳动者公共消费需要（文化、卫生、体育、教育等）的资金称为公共消费基金。职工体育经费的大部分来自公共消费基金。体育公共消费基金又是通过下述渠道形成的。①国家预算中的直接体育拨款。它是我国职工体育经费来源的主体，是有计划、按比例发展职工体育事业的基本保证。②国家预算中的间接体育支出。它是国家各部门间接用于体育的拨款，主要用于本部门的体育活动。文化部门预算拨款用于文化系统的职工体育活动，工业部门预算拨款用于工业系统的职工体育活动。③国有经济和集体经济的集体福利基金。国有经济（厂矿企业）拨款用于厂矿企业体育，集体经济拨款用于集体单位职工的体育。④工会的体育支出。行业与企业工会的拨款用于工会职工的体育活动，职工集体集资也可用于职工体育活动。⑤个体经济中的体育支出，用于个体职工的体育活动。⑥其他社会团体的经费开支。其中，共青团经费开支用于青年体育活动，妇联经费开支用于妇女体育活动。

（2）职工体育组织的自筹资金。

职工体育组织自筹资金的方式包括各种体育服务的报酬和运动竞赛的门票收入；在竞赛活动中收取广告费，出售产品、纪念品、商标和会标使用权等；组织优秀运动队表演和比赛的门票收入；修理体育器材以及生产体育物质产品等；出售体育科技成果；争取社会赞助；向国内外银行贷款。

2. 职工体育资金的分配

职工体育资金的分配的依据和步骤如下。

（1）按工作类别进行指令性分配。

①各单位近几年经费开支情况，重点是上一年度的经费开支情况。

②现有财力情况，可分配的经费数额。

③各单位发展计划和实际业务需要。

④上级有关经费分配的政策和规定。

⑤各单位实际工作成果和经营能力。

（2）实行经费指令性分配的步骤。

①固定开支款项。

②一定比例的机动经费，以支付计划外的应急需要。

③单位的职责范围和工作重点，确定各类工作的经费比例及全年经费额。

④按各单位需要实行经费包干、结余留用、超支不补、节约奖励。

3. 职工体育资金的使用

我国职工体育资金短缺的状况较为严重，因此，需要合理使用职工体育资金。提高职工体育资金使用效果的措施主要包括以下几方面。

（1）提高管理和组织水平，科学地安排各项工作。
（2）严格规范开支标准，防止出现不合理的开支。
（3）加强物资消耗和资金消耗的管理制度。

（三）职工体育的设施管理

职工体育设施是开展职工体育运动的基本物质条件，它不仅是职工进行体育锻炼的基地，而且也是活跃职工文化生活，进行社会主义精神文明建设的场所。因此，做好职工体育设施的建设和加强对现有设施的管理是职工体育组织部门中十分重要的一项工作。

1. 建立职工体育设施体系

建立职工体育设施体系时应考虑以下因素。
（1）单位职工的数量、年龄结构和性别结构。
（2）职工的体育兴趣和单位的体育传统。
（3）职工的工作特点。
（4）单位的经济条件。
（5）单位的地理位置和空间地理条件。

2. 职工体育设施的建设

职工体育设施的建设过程包括选址、设计、施工、验收和交付使用，是一个涉及面广、科学性强的复杂过程。为使职工体育设施达到预期的使用要求，职工体育管理者有必要了解一些有关建筑方面的知识，以便顺利地参与建设计划的制订和对建设过程进行有效地支持。职工体育管理部门在建设体育设施过程中的主要工作包括以下几项。

（1）确定体育设施的规模和标准。
（2）合理选择体育设施地点。
（3）提出体育设施的功能要求。
（4）选择建筑设计方案。
（5）选择施工单位。
（6）做好工程质量的监督和验收工作。

3. 职工体育设施的经营管理

职工体育设施的经营管理任务包括以下几项。
（1）承担或组织职工体育比赛，丰富职工的文化生活。
（2）组织职工群众性体育活动。
（3）利用设施宣传职工体育活动，可设置阅报栏、宣传栏等。
（4）对外租借职工体育设施、器材。
（5）利用体育设施组织其他文化娱乐活动。
（6）提供体育器材维修、招待住宿等有偿服务。

职工体育设施的经营管理内容包括以下几项。
（1）对体育设施实行独立的经济核算。

（2）落实全面的目标管理制度。
（3）扩大体育设施的自主权。
（4）定期检查、评估和奖罚。

4. 职工体育设施管理人员的管理内容

职工体育设施管理人员的管理内容很多，包括对体育设施的计划管理、劳动管理、质量管理和财务经营管理等，其中应重点抓好下面几项工作。

（1）建立健全各项规章制度，充分调动体育设施管理工作人员的工作积极性。
（2）做好管理人员的职业培训考核、人事协调、工资待遇等工作。
（3）要求管理人员处理好公益事业与市场经营之间的关系。
（4）提高体育设施的使用率，增加收入，节约开支。

（四）职工体育竞赛的管理

1. 职工体育竞赛管理的目标

职工体育竞赛管理的目标是使整个体育竞赛的组织和管理活动科学、经济和高效。职工体育竞赛管理的目标与其他活动管理的目标一样都具有导向和控制的功能。职工体育竞赛的目标一般可以划分为下列三个层次。

（1）促进单位职工运动技术水平的提高，为参加上一级职工体育管理部门组织的体育竞赛活动做好准备。
（2）推动单位职工群众性体育活动的开展，增强职工体质。
（3）丰富单位职工的业余文化生活，促进精神文明建设。

2. 职工体育竞赛计划管理

职工体育竞赛计划是科学有效地开展职工体育竞赛的工作依据。体育竞赛计划一般以年为时限，其制订依据是本单位职工体育工作的需要和上一级职工体育工作管理部门的体育竞赛计划。

职工体育竞赛计划的内容如下。
（1）该年度体育竞赛的目的与任务。
（2）该年度体育竞赛的种类与规模。
（3）执行该年度体育竞赛计划的基本要求与主要措施。
（4）该年度体育竞赛的日程安排及其内容。
①竞赛项目序号。
②竞赛项目名称。
③参加者的范围（包括年龄、组别、人数等）。
④竞赛时间与地点。
⑤竞赛组办单位。
⑥备注。

体育竞赛计划的注意事项如下。
（1）体育竞赛计划的安排要有较大的稳定性，不宜有过多变动。若有变动，则应尽早通知有关方面。
（2）要根据竞技体育的客观规律安排竞赛计划，特别是选拔参加较高运动训练水平的选手的竞赛，要充分考虑组织队伍和赛前准备工作的时间。

（3）竞赛时间、地点的安排不宜过分集中，要考虑训练工作和竞赛承办单位的负担能力。

（4）在安排竞赛时间时，应考虑到竞赛活动参加者的工作特点。

（5）传统的竞赛活动最好安排在习惯的季节，要充分考虑运动项目的季节特点，科学地安排竞赛日程。

（6）体育竞赛的日程安排应按项目分类编排，可在同一类别内按举行的时间顺序排列，以便查阅。

3. 职工体育竞赛的过程管理

职工体育竞赛的过程管理是指对某项具体体育竞赛活动的管理，即依据年度竞赛计划的规定，确定某项具体竞赛活动的组织方案，进而建立相应的组织机构，有目的地协调竞赛活动中的人、财、物、时间、信息，保证整个竞赛活动顺利进行的过程。就一次竞赛而言，其组织管理工作依次可分为赛前工作管理、赛中工作管理和赛后工作管理。其中，赛前准备工作的管理是关键环节。

（1）赛前管理工作。

赛前管理工作主要包括研究确定组织方案、制订竞赛规程、组建竞赛组织机构、拟订具体工作计划和行为准则、编制竞赛秩序册等。在竞赛组委会（或领导小组）正式建立前，赛前管理工作由竞赛筹备委员会负责。

①研究并确定组织方案。在竞赛计划的统一安排下，竞赛活动若要有步骤地展开，必须先进行总体设计构思并提出组织方案，主要包括以下内容。

a. 竞赛的名称与竞赛的目的任务。

b. 竞赛的主办单位与承办单位。

c. 竞赛的时间与地点。

d. 竞赛的规模。

e. 竞赛的组织机构：包括竞赛组织管理各职能机构的设置和工作岗位的安排及人员配备的数量等。

f. 经费预算：包括竞赛经费来源与筹资计划、经费使用原则与使用范围、收支计划与增收节支措施等。

g. 工作步骤：是指确定竞赛整体工作的阶段划分和各阶段的工作重点与具体步骤。

②制订竞赛规程。竞赛规程是组织实施一项体育竞赛的主要政策与规定，对该项竞赛活动的组织管理具有高度的权威性和指导性，是竞赛组织者和参加者必须遵循的，由主管竞赛的部门制订。

竞赛规程的主要内容包括竞赛名称、竞赛时间和地点、项目及组别、参加单位、运动员资格、参加办法、竞赛办法、仲裁委员会的组成及有关经费的规定。

竞赛规程的制订要以竞赛的目的任务和竞赛计划为依据，符合客观实际；竞赛规程应充分体现公平竞争原则，提前制订和下发，一般应提前 0.5～1 年；竞赛规程应具有稳定性。

③组建竞赛组织机构。建立竞赛组织机构是体育竞赛组织管理工作的关键环节。各种竞赛的组织机构一般采用委员会制。体育竞赛的组织委员会是全面领导整个竞赛组织工作

的最高机构，其机构编制、人数等没有具体限制，应视比赛性质和规模而定。

竞赛组织委员会直属职能部门应根据组织竞赛需要完成的各项任务来设置，并与竞赛规模相适应，一般包括办公室、竞赛、宣传、保卫、行政、后勤等主要工作机构。另外，还可根据竞赛需要设立外事接待、大型活动、工程、科研、集资等部门。当组织机构成立后，应根据精简高效的原则，视实际需要分批借调工作人员，以节约人力、财力。

④拟订具体工作计划和行为准则。组织委员会成立后，应根据竞赛规程、组织方案和责任分工，拟订各职能部门的具体工作计划和有关行为规范，如竞赛工作计划、宣传工作计划、大型活动计划、安全保卫工作计划和财务计划，以及工作人员守则、作息制度等，由组委会讨论审定后执行。

⑤编制竞赛秩序册。竞赛秩序册是运动竞赛组织和具体竞赛秩序的文字依据，它由运动会的竞赛部门负责编制，报组委会审定后颁发。

竞赛秩序册的内容一般包括比赛名称、时间、地点；主办单位与承办单位；竞赛组织机构图；运动竞赛规程和补充规定；大会各部、处、室人员名单；各项目竞赛委员会、仲裁委员会成员和裁判员名单；各代表团名单；运动竞赛总日程表和各项目竞赛日程；分组名单；竞赛场示意图；最高记录表等内容。此外，根据需要，也可将运动员、教练员、裁判员守则及各种评优条例等内容附在基层运动竞赛的竞赛秩序册后。

(2) 赛中管理工作。

赛中管理工作始于开幕式，直至闭幕式结束，主要包括以下几方面。

①开幕式的组织。开幕式的程序一般应包括宣布开幕式开始；裁判员、运动员入场；奏乐升旗；领导人致开幕词；运动员代表讲话；裁判员、运动员退场；开幕式表演开始；宣布开幕式结束。为了保障开幕式既庄严、隆重、热烈、欢快，又紧凑、精巧、圆满、安全，一般应成立开幕式临时指挥系统，负责控制、指挥开幕式中的各项活动。

②赛事活动的管理。比赛正式开始以后，比赛的主要指挥管理人员要深入赛场第一线，对赛事活动实行全面、具体的组织领导，严格掌握比赛进程。加强各职能部门之间的相互协调配合，防止比赛出现脱节、漏洞和误差。遇到困难应及时召集现场办公会、仲裁委员会或组委会会议，还要特别注意研究和及时解决比赛中出现的弃权、争议、罢赛、弄虚作假、赛风等方面的问题和各种突发事件，以确保赛事活动的顺利进行。

③人员管理。

a. 裁判员的管理。抓好裁判员的职业道德教育，把"公正、准确、严肃、认真"八字方针贯彻到裁判员工作的始终，杜绝"私下交易"、本位主义等不良裁判作风；及时组织每一场比赛的赛后裁判总结与讲评，做到裁判工作天天有小结，阶段有总结，全过程有评比，不断提高裁判工作质量。

b. 参赛运动队（员）的管理。在竞赛期间，应着重抓好运动员的思想教育、临场与场下的业务管理、生活纪律管理。

c. 观众的管理。竞赛组织者应该从人们的社会心理承受能力和赛场的特殊氛围出发，注意做到以下几点：提前制订并公布赛场管理规定；恰当选定与布置赛场；落实安全措施，强化预防职能；合理组织进、退场工作。

d. 后勤管理。竞赛期间的后勤管理工作包括认真检查比赛场地、设备和器材的布置与使用情况，落实运动员、裁判员的住宿、用餐、沐浴、交通和安全保卫工作，监督运动竞赛的各项预算执行情况，以及医务方面的伤病预防和临场应急准备等项具体工作。

e. 闭幕式的组织。闭幕式的基本程序是宣布竞赛闭幕式开始；裁判员、运动员入场；宣布比赛成绩和获奖者名单；发奖；致闭幕词；宣布大会闭幕；闭幕式表演开始；宣布闭幕式结束等。

(3) 赛后管理工作。

竞赛后的管理工作主要包括以下内容。

①及时归还、转让、出售和处理比赛的场地、器材、服装、用具等。

②竞赛财务决算，接受审计。

③整理、汇编、寄发比赛成绩册和其他技术资料。

④竞赛工作总结。

⑤评比表彰工作。对参与大会工作的单位和个人、支持与协助大会的单位和个人，以及竞赛的各级组织者、指挥者和工作人员表达谢意并进行表彰。

思考题

1. 试述职工体育的意义与任务。
2. 我国职工体育的组织管理原则是什么？
3. 常见的职工体育的基层组织管理方式有哪些？
4. 怎样才能做好职工体育设施的经营管理工作？
5. 举办职工体育竞赛时应注意的问题有哪些？

第三节　社区体育

一、社区体育概述

(一) 社区的定义

"社区"一词是德国社会学家藤尼斯于1887年提出。由于研究角度不同，社会学家们对社区下的定义也不同，从定义的出发点看，社区至少可以分成两大类：一类是功能主义观点，其认为社区是由共同目标、共同利益关系的人组成的社会团体；另一类是地域性观点，其认为社区是一个地域内共同生活的有组织的人群。但大多数社会学家认为，社区即在一定地域内，按一定的社会制度和社会关系组织起来的、具有共同人口特征的地域生活共同体。

社区具有五大基本特征：①社区是一个社会实体；②社区具有多重功能；③社区是人们参与社会生活的基本场所；④社区是以聚居作为依托或物质载体的；⑤社区是发展变化的。

社区作为社会学的重要范畴，概括起来有四个基本要素：①以一定的社会关系为基础组成的人群；②一定范围的地域空间；③相对完备的生活服务设施；④成员对社区情感和心理上的认同感。人群是社区的主体，地域和生活服务设施是社区的物质基础，对社区的认同感既是社区成员在一定地域内共同生活所形成的结果，又是将社区成员凝为一体的黏合剂和纽带。

（二）社区体育的概念和构成要素

社区体育的特征为：①它是区域性体育，区域范围相当于基层社区；②它是面向全体社区成员的体育；③它以本社区的自然环境和体育设施为物质条件；④它的宗旨是满足社区成员的体育需求，增进社区成员的身心健康，巩固和发展社区情感。根据上述的四个特性，我国的社区体育主要是指在人们共同生活的一定区域内（相当于街道、居委会辖区范围），以辖区的自然环境和体育设施为物质基础，以全体社区成员为主体，以满足社区成员的体育需求，增进社区成员的身心健康，巩固和发展社区感情为主要目的，就近、就便开展的区域性社会体育活动。

社区体育具有六大构成要素，即社区体育组织、社区成员、场地设施、经费、体育管理者和指导者、社区体育活动（图6-1）。社区体育组织是社区体育的主导要素，社区成员是社区体育的活动主体，场地设施、经费是社区体育的物质保证，体育管理者和指导者是联系社区体育各要素之间的纽带，社区体育活动是社区体育的具体表现形式或直接目标。

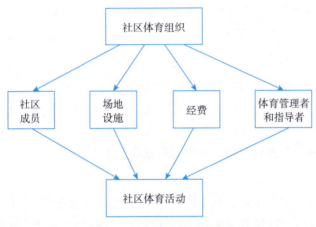

图6-1 社区体育的构成要素

（三）社区体育的分类

社区体育可按体育活动的参与单元和活动范围、消费类型、活动时间、组织类型、参与人群、活动空间进行分类。

1. 按参与单元和活动范围分类

社区体育按参与单元和活动范围通常可以分为个人体育、家庭体育、邻里体育、微型社区体育和基层社区体育。社区体育既可按个人、家庭、邻里（楼群、庭院或胡同）、居委会（微型社区）和街道（基层社区）为单元参与不同规模的体育活动和竞赛，又可以个人锻炼的形式或在家庭、楼群（胡同）、居委会（微型社区）和街道（基层社区）范围内开展体育活动和竞赛。

2. 按消费类型分类

社区体育按消费类型可以分为福利型、无偿型、抵偿型和营利型。福利型社区体育面向特殊人群；无偿型、抵偿型社区体育面向日常性、经常性体育活动者；营利型社区体育面向高收入人群或低收入非经常性体育活动者。

3. 按活动时间分类

社区体育按活动时间可以分为日常性体育活动（晨晚练活动）、经常性体育活动和节假日体育活动（节日、周末和学生寒暑假体育活动）。

4. 按组织类型分类

社区体育按组织类型可以分为自主松散型和行政主导型。体育活动点、辅导站、社区单项（人群）体育协会等为自主松散型社区体育；社区体育服务中心、社区体育俱乐部、街道社区体协等为行政主导型社区体育。

5. 按参与人群分类

社区体育按参与人群可以分为学生体育、在职人员体育、离退休人员体育、特殊人群体育和流动人群体育。

6. 按活动空间分类

社区体育按活动空间可以分为庭院体育、公园体育、单位辖区体育、公共体育场所体育和其他场所（空地、广场、江河湖畔等）体育五类。

（四）社区体育的功能

社区体育的功能包括一般性功能和特殊功能两部分。一般性功能指任何体育形式对于参与者个体所具有的共同功能，即体育的健身功能、健心功能和社会化功能。由于在《体育概论》《社会体育学》等教材中都有论述，这里就不再重复了。社区体育的特殊功能是指社区体育形态所具备的独特功能，主要表现在以下方面。

1. 使居民参与

体育作为人们业余文化生活的内容之一，具有参与主体的广泛性、活动形式的感召性、活动内容的趣味性、活动效果的同步性等特点。这些特点对于促使广大居民参加体育活动具有积极作用。社区建设成功与否，居民的参与至关重要，只有广大居民作为社区的主人，积极参与到社区建设和社区管理，才能在真正意义上形成社区意识和社区归属感，而此时，社区也才能成为个人社会化及其价值实现的通道。

2. 改善居民生活方式

科学文明的生活方式有助于提高居民的生活质量，维护社区秩序的稳定。体育活动作为一种极具吸引力的有益的休闲活动，吸引了众多居民参与，占据了居民的空闲时间，在一定程度上抵御了不健康生活内容的侵蚀，在改善居民生活方式方面发挥了积极作用。

3. 加强社会整合，增强社区凝聚力

随着原有的社会调控体系——单位体制的解体，人们工作时间以外的生活居住区——社区将逐步成为新的社会调控体系，发挥社会整合功能。社区在进行社会规范、满足居民体育需求、丰富居民业余文化生活、提高居民身心健康水平等方面发挥重要作用的同时，使居民在体育方面归属于社区，从而通过社区体育增强社区凝聚力。

(五) 我国社区体育的基本特征

社区体育既不同于学校体育,也不同于职工体育,有其自身的特征。当前,我国社区体育概括起来有六大特征。

1. 组织形式基层化

城市社区体育的主要组织形式是街道社区体协、居民体育活动小组和晨晚练体育活动点等。这些组织形式根植在城市的基层,是社会体育实现生活化、普遍化的保证。

2. 参与主体以老年人为主

社区体育是面向全体社区成员的,但由于中青年人迫于工作压力和家庭负担,参与体育活动的时间受到限制,因此,其参与主体以老年人为主。老年人的健康水平下降,危机感提升,他们既拥有大量的闲暇时间,又有迫切的长寿和重建社交圈的愿望。因此,体育活动成为他们保持健康、延缓衰老、扩大社交圈的理想方式。

3. 组织管理自主型与行政型结合

社会体育活动点有7种形成方式,即锻炼者自发形成、体育行政部门形成、街道居委会形成、各级工会形成、各类体育协会形成、企事业单位形成和其他部门形成。与之对应的有7种管理方式,即锻炼者自发管理、体育行政部门管理、街道居委会管理、各级工会管理、各类体育协会管理、企事业单位管理和其他部门管理。

4. 活动时间以早晚为主

据调查,晨晚练活动时间在早晨8:00以前的占79.8%,活动时间在晚上的占48.6%,活动时间在上午和下午的相对较少。多数活动时间在早晨8:00以前,这既与活动时间缺乏活动场所有关,也与我国人民特别是老年人"早睡早起"的作息习惯有关。

5. 活动内容文体一体化

当前初级阶段的社区体育,由于受体育场地设施条件的限制,社区体育的活动内容以走(跑)步、气功、健身操、交谊舞、武术等内容为主,非竞技化、韵律性、传统性、文体一体化特点十分明显。

6. 活动场所非正规化、属地化

社区体育活动主要在8类活动场所中进行,就近的公园(22.8%)、街道居委会场地(19.9%)和街头巷尾(16.8%)活动点居前三位。我国的社区体育场地尚且不充足,难以满足群众需要,不得不将公园、空地作为补充场地使用。

二、我国社区体育的发展情况

(一) 社区体育管理原则

社区体育管理有其自身的特点和规律,按照这些特点和规律,社区体育管理可概括出六大管理原则。

1. 区域性原则

社区体育的区域性是社区体育的重要特点之一。它表示社区体育是某一特定区域内的

社会体育活动，社区体育的参加者、组织者、体育资源等都在特定的区域内。因此，相关人员在进行社区体育管理时，一定要立足特定的区域，根据特定区域内居民的体育需要、场地设施、经费等情况确定体育目标并制订体育计划，然后开展体育活动。

2. 合作性原则

我国社区体育具有明显的过渡性特点，即具有单位体育与社区体育的双重特点，又称为区域性单位体育与居民体育的联合体。这种联合体使得无论是参与的文体、场地设施的共用、体育经费和体育骨干的来源，还是体育活动的组织等在短时间内都是分不开的，因此合作性原则在社区体育管理中十分重要。社区体育的领导机构、街道社区体育协会与辖区各单位工会、体育协会之间的互相协作，共同受益，是满足职工体育需求、减轻企事业单位负担、弥补社区体育资源不足、搞好社区体育工作的有力保证。

3. 自主性原则

社区体育的组织管理方式要以居民自主管理为主。社区内的各种体育协会作为非行政性组织，具有自主性、松散性的特点，对社区体育的管理就要充分调动居民体育骨干的积极性，培养他们的自主意识、组织能力和自治能力，依靠他们的力量自主地开展社区体育活动。行政力量应给予他们政策上和资源上的支持。

4. 因地制宜原则

我国社区体育的场地设施条件较差，各社区间的差异也很大，因此，在社区体育管理中坚持因地制宜原则就显得十分重要。在社区体育场地设施的利用方面，因地制宜的做法主要有以下几种：①充分利用辖区单位（机关、学校、企事业单位、部队等）已有的场地设施；②充分利用辖区的公园、广场；③充分利用辖区的江、河、湖岸及水域；④将辖区一切可利用的空地开辟成体育活动场地。

5. 兼顾性原则

社区体育活动的主体是全体社区居民。它包括不同年龄、不同性别、不同健康状况、不同体育需求、不同体育基础、不同职业、不同工作时间、不同经济状况的各种人群。为了尽可能满足全体居民的体育需求，在社区体育管理中要力求做到兼顾大多数人的需要。例如，寒暑假重点组织青少年的体育活动，日常组织中老年人的体育活动，周末组织在职人员的体育活动，节日组织各类人群参加的综合性体育活动等。

6. 激励性原则

由于社区体育是人们自觉、自愿参加的活动，提高居民的体育兴趣、体育积极性十分重要。因此，在社区体育的管理中，要通过宣传来营造氛围，激发人们的体育动机；要通过开展娱乐性、趣味性、竞争性较强的日常体育活动和体育竞赛，提高居民的体育兴趣；要通过表彰、奖励体育优胜集体和个人、体育活动积极分子，树立体育典型等方式，激励人们更加积极地参加体育活动。

(二) 社区体育的组织管理

1. 社区体育的组织管理体系

社区体育的组织管理体系包括领导体系、协调体系、操作体系，分为市、区、街道、居委会四个层次。各体系、各层次具有各自的职责，发挥着各自的作用。其中，街道社区体育协会是现阶段社区体育主要的组织管理机构，体育活动点和体育辅导站是主要的活动性组织。

2. 街道社区体育协会的组织结构

街道社区体育协会（又称街道文体协会）这种组织形式在 20 世纪 80 年代中期才出现，是目前主要的社区体育组织形式。街道社区体育协会以街道辖区为区域范围，以基层政府派出机构——街道办事处为依托，由辖区各单位和下属各居（家）委会参与，采用理事会制度。街道社区体育协会附设在街道文教科、文化站或社区服务中心。

我国城市社区体育组织管理体系如图 6-2 所示。

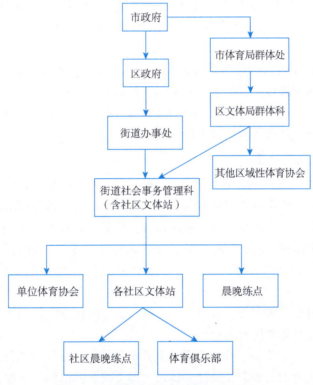

图 6-2 我国城市社区体育组织管理体系

社区体育在横向上突破了以往社会体育"以单位为主、以条为主"的管理体制，在纵向上使社会体育深入城市的基层，这有利于形成"条块结合""以块为主"的社区体育管理体系。

（三）社区体育管理的基本环节和内容

社区体育的组织管理可以分为政府部门的宏观管理和街道社区的微观管理。

1. 政府部门的宏观管理

对社区体育进行宏观管理的政府部门比较多，有（市、区）人民政府、体育部门、教育部门、民政部门、文化部门、城市规划部门等。各部门主要管理职责如下。

（1）各级人民政府及其派出机构——街道办事处是社区体育的领导和管理部门。其主要职责是将社区体育工作纳入城市社会发展的总体规划,作为社区建设和社会主义精神文明的一项重要内容。有计划地发展社区体育,为居民参加体育健身活动创造良好的社会环境和物质条件。

(2) 国家体育总局群众体育司城市体育处及各省、市、区体育局群体处(科)是社区体育工作的业务主管部门,其主要职责是按照国家的体育方针、政策,支持和指导社区体育工作,制订社区体育的发展规划和工作计划以及各项管理制度。

(3) 民政部门的主要职责是根据城市管理中心街道办事处的管理、协调、指导、服务等职能作用,将开展社区体育作为街道办事处的一项工作职责,将社区体育作为社区建设的重要组成部分,进行统筹规划和评估,在政策上给予扶持。

(4) 城市规划部门的主要职责是按照国家对城市公共体育设施用地定额指标的规定,将居民住宅区的公共体育设施建设纳入城市总体规划和具体规划,进行合理安排,统一布局。

(5) 文化部门的主要职责是在建设和发展社区文化的工作中,重视社区体育的开展。大力宣传体育健身对增强体质、丰富文化生活、提高生活质量等方面的意义和作用。

(6) 教育部门的主要职责是鼓励和支持学校体育设施对社区居民开放,发挥学校体育教师、体育设施在开展社区体育活动中的积极作用。

2. 街道社区的微观管理

(1) 街道办事处对辖区的社区体育具有领导、管理的职能,要设置社区体育管理部门,配备体育干部;建立街道项目体育协会、人群体育协会等体育组织网络;选拔、培养体育指导员,提高体育指导水平;建立社区体育工作管理制度和工作档案;在体育部门的指导下,组织社区内居民经常开展体育健身活动和竞赛活动,满足居民的体育兴趣和需求。

(2) 居委会在街道办事处的领导下,做好居住区晨晚练活动点等体育组织的建设和管理工作;通过多种形式的宣传、教育活动,提高居民的体育意识和体育兴趣;组织居民开展日常性、经常性的体育健身活动。

(3) 社区内的机关、学校、企事业单位要在分解单位社会服务功能的同时,增强社区意识,支持、协助街道和居委会开展社区体育工作,鼓励单位职工参加社区的各类体育活动,逐步转变体育利益取向。

思考题

1. 为什么说中国城市社区体育的兴起是社会体育发展适应城市经济改革的必然现象?
2. 试述社区体育的定义与组成要素。
3. 中国城市社区体育有哪些特点?
4. 简述中国城市社区体育组织管理体系的结构。
5. 试述社区体育宏观管理和微观管理的内容。

第七章　我国的社会体育法规制度

> **内容提要**
>
> 社会体育是指人们在社会中进行的体育活动，其目的是促进人们身体健康、增强个人体质、提高个人技能以及增进人们的交流。为了确保社会体育的有序发展，维护公平竞争的环境，我国相关部门出台了一系列的社会体育法规制度。本章将对我国社会体育法规制度的意义和任务以及我国社会体育领域主要的法规制度进行详细介绍。

第一节　我国社会体育法规制度的意义和任务

一、我国社会体育法规制度的意义

社会体育法规制度是中国体育事业发展的重要组成部分，对于保障公民参与体育的权利、规范体育组织和活动的管理、促进体育事业的健康发展、维护体育市场的秩序和公平竞争、推动全民健身和竞技体育的平衡发展、鼓励社会力量参与体育事业、保护体育消费者的合法权益以及促进国际体育交流与合作等方面都具有深远的意义，具体如下。

（一）保障公民参与体育的权利

社会体育法规制度明确规定了公民参与体育的权利和义务，保障了公民参与体育活动的合法权益。建立和完善社会体育法规制度后，人们能够更加便捷地参与各种体育活动，从而提高体育素质和生活质量。

（二）规范体育组织和活动的管理

社会体育法规制度既对各类体育组织和活动的管理做出了规范，又明确了各级体育行政管理部门和体育社会组织的职责和权利。这不仅有助于提高管理效率，还能确保各类体育组织和活动的有序进行。

（三）促进体育事业的健康发展

社会体育法规制度的建立和完善为体育事业的健康发展提供了有力保障。若可以通过明确各类体育活动的开展方式、资金来源、人才引进等方面的问题为各类体育组织和活动的开展提供法律保障，则有助于推动中国体育事业的持续发展。

（四）维护体育市场的秩序和公平竞争

社会体育法规制度对体育市场的管理和维护也起到了关键作用。其通过规范市场准入、强化市场监管、明确市场竞争规则等措施，有效维护了体育市场的秩序，保障了各类市场主体的合法权益。

（五）推动全民健身和竞技体育的平衡发展

社会体育法规制度在推动全民健身和竞技体育的平衡发展方面也起到了积极作用。其通过完善全民健身服务体系、加强竞技体育人才培养等措施，促进了全民健身和竞技体育的协调发展，满足了人民群众多元化的体育需求。

（六）鼓励社会力量参与体育事业

社会体育法规制度鼓励社会力量参与体育事业，推动了体育社会化进程。其通过推出各类优惠政策、引导民间资本投入等措施，激发了社会力量参与体育事业的积极性和创造性，拓宽了体育事业的发展渠道。

（七）保护体育消费者的合法权益

社会体育法规制度加强了对体育消费者的保护，维护了他们的合法权益。其通过建立消费者权益保护机制，加强市场监管等措施，提高了消费者的满意度和信任度，促进了体育市场的健康发展。

（八）促进国际体育交流与合作

社会体育法规制度还促进了国际体育交流与合作。通过与国际体育组织建立合作关系、参与国际体育交流活动等途径，加强了与世界各国的体育交流与合作，为中国体育事业的发展提供了更广阔的视野和机遇。

总之，社会体育法规制度的建立和完善对于中国体育事业的发展具有重要的意义。它不仅保障了公民参与体育的权利和规范了体育组织和活动的管理，还推动了全民健身与竞技体育的平衡发展，维护了体育市场的秩序和公平竞争，鼓励了社会力量参与体育事业以及保护了体育消费者的合法权益。同时，它也为中国与国际社会的体育交流与合作提供了法律保障。因此，我们必须认真对待社会体育法规制度的建设和完善工作，以推动中国体育事业的持续发展。

二、我国社会体育法规制度的意义

社会体育法规制度是我国体育事业发展的重要法律保障，其任务主要包括以下几方面。

（一）保证公民依法参与体育活动的权利

社会体育法规制度应确保公民依法参与体育活动的权利。其通过明确公民在体育活动中的权利和义务，社会体育法规制度能够为公民提供参与体育活动的法律保障，促进公民在体育领域的基本权益得到有效实现。

（二）促进体育事业的全面协调可持续发展

社会体育法规制度在促进体育事业的全面发展方面具有重要作用。通过明确体育事业的发展战略、规划和管理措施，社会体育法规制度能够为体育事业的全面协调可持续发展提供法律指导和保障，确保体育事业与经济社会的发展相适应。

（三）规范体育市场的运营秩序

社会体育法规制度对体育市场的运营秩序提出了规范要求，为市场主体提供了公平的竞争环境。通过明确市场准入规则、加强市场监管、规范市场竞争行为等措施，社会体育法规制度能够有效地维护体育市场的秩序和公平竞争，保障市场主体的合法权益。

（四）保护体育产业的良性发展

社会体育法规制度对体育产业的良性发展起到保护作用。其通过建立产业政策，加强产业监管，鼓励创新和知识产权保护等措施为体育产业的健康、稳定和可持续发展提供法律保障。

（五）维护体育消费者的合法权益

社会体育法规制度在维护体育消费者的合法权益方面具有重要作用。其通过加强消费者权益保护、完善产品质量监管等措施有效保护消费者的合法权益，提高消费者的满意度和信任度。

（六）推动全民健身和竞技体育的平衡发展

社会体育法规制度对推动全民健身和竞技体育的平衡发展具有积极作用。其通过制订全民健身计划，加强竞技体育人才培养等措施促进全民健身和竞技体育的协调发展，满足人民群众多元化的体育需求。

（七）强化体育设施建设的管理与监督

社会体育法规制度在强化体育设施建设的管理与监督方面具有重要作用。其通过明确建设标准、加强建设监管、确保设施安全等措施为体育设施的建设和管理提供法律保障和支持，确保设施的质量和安全。

（八）建立健全体育组织体系

社会体育法规制度对建立健全的体育组织体系具有积极作用。其通过明确各类体育组织的职责和权利、加强组织建设和管理等措施推动各类体育组织的健康发展，提高组织体系的协调性和效率。

总之，我国社会体育法规制度的任务是多元化的，涵盖了保证公民依法参与体育活动的权利、促进体育事业的全面协调可持续发展、规范体育市场的运营秩序、保护体育产业的良性发展、维护体育消费者的合法权益、推动全民健身和竞技体育的平衡发展、强化体育设施建设的管理与监督以及建立健全体育组织体系等方面。这些任务的落实和执行有助于推动我国体育事业的持续发展。

第二节　我国社会体育领域主要的法规制度

《全民健身计划（2021—2025年）》《社会体育指导员管理办法》《国家体育锻炼标准》《国民体质测定标准》是我国社会体育的法定基本制度。

一、《全民健身计划（2021—2025年）》

（一）《全民健身计划（2021—2025年）》产生的社会背景

"十三五"时期，我国全民健身公共服务水平显著提升，但仍存在全民健身区域发展不平衡、公共服务供给不充分、不能满足广大群众健身和健康的需求等问题。为贯彻落实习近平总书记关于体育工作的重要论述和重要指示精神，在新的历史起点上推动全民健身高质量发展，推动构建更高水平的全民健身公共服务体系，更好地发挥全民健身在全面建设社会主义现代化国家中的价值作用，根据《中华人民共和国体育法》《全民健身条例》，国家体育总局牵头起草了《全民健身计划（2021—2025年）》。

2021年，国务院印发的《全民健身计划（2021—2025年）》，充分体现了党和国家对全民健身工作的重视。其坚持以人民为中心的发展思想，始终以满足人民群众日益增长的多元化健身需求作为出发点和落脚点，坚持问题导向、补短板、强弱项，进一步明确构建更高水平的全民健身公共服务体系。

（二）《全民健身计划（2021—2025年）》的基本思路

《全民健身计划（2021—2025年）》坚持以人民为中心，坚持新发展理念，深入实施健康中国战略和全民健身国家战略，加快体育强国建设，构建更高水平的全民健身公共服务体系，充分发挥全民健身在提高人民健康水平、促进人的全面发展、推动经济社会发展、展示国家文化软实力等方面的综合价值与多元功能。

《全民健身计划（2021—2025年）》共分为总体要求、主要任务、保障措施三部分。主要任务有八个方面，一是加大全民健身场地设施供给；二是广泛开展全民健身赛事活动；三是提升科学健身指导服务水平；四是激发体育社会组织活力；五是促进重点人群健身活动开展；六是推动体育产业高质量发展；七是推进全民健身融合发展；八是营造全民健身社会氛围。

按照《全民健身计划（2021—2025年）》设定的发展目标，到2025年年底，全民健身公共服务体系将更加完善，人民开展社会体育运动更加便利，健身热情进一步提高，各运动项目的参与人数持续提升，经常参加体育锻炼人数比例达到38.5%，县（市、区）、乡镇（街道）、行政村（社区）三级公共健身设施和社区15分钟健身圈实现全覆盖，每千人拥有社会体育指导员2.16名，带动全国体育产业总规模达到5万亿元。

（三）《全民健身计划（2021—2025年）》的新举措

《全民健身计划（2021—2025年）》的主要内容如下。

在健身设施方面，一是推进国家步道体系和体育公园建设；二是加快健身设施的建设：新建或改扩建2 000个以上体育公园、全民健身中心、公共体育场馆等健身场地设施，补齐 5 000 个以上乡镇（街道）全民健身场地器材，配建一批群众滑冰场，数字化升级改造 1 000 个以上公共体育场馆，推进智慧健身设施建设；三是开展公共体育场馆开放服务提升行动。

在健身赛事活动方面，一是举办全民健身大会、全国社区运动会；二是以北京冬奥会为契机，巩固拓展"3 亿人参与冰雪运动"成果；三是大力发展"三大球"运动，推动县域足球推广普及。

在健身指导方面，一是开设线上科学健身大讲堂，征集推广体育科普作品；二是制订面向大众的体育运动水平等级标准及评定体系；三是深化社会体育指导员管理制度改革，适当降低准入门槛，扩大队伍规模，提高指导服务率和科学健身指导水平。

在体育社会组织方面，一是对队伍稳定、组织活跃、专业素养高的"三大球"、乒乓球、羽毛球、骑行、跑步等自发性全民健身社会组织给予场地、教练、培训、等级评定等支持；二是将运动项目推广普及作为单项体育协会的主要评价指标。

在营造社会氛围方面，一是探索建立全国统一的"运动银行"制度和个人运动码，开发标准统一的科学运动积分体系；二是开展全民健身模范市和模范县（市、区）创建工作；三是加强全民健身国际交流，鼓励支持各地与国外友好城市进行全民健身交流。

在全民健身安全保障方面，一是对各类健身设施的安全运行加强监管，建立全民健身赛事活动安全防范、应急保障机制；二是建立户外运动安全分级管控体系；三是落实网络安全等级保护制度，加强全民健身相关信息系统安全保护和个人信息保护。

在全民健身智慧化服务方面，建设国家全民健身信息服务平台和公共体育设施电子地图，推动省、市两级建立全民健身信息服务平台，提供健身设施的查询和预订健身指导等服务。

二、《社会体育指导员管理办法》

（一）社会体育指导员的地位与作用

自 20 世纪 60 年代以来，随着世界性大众体育热潮的兴起，许多国家建立了数量庞大的群众健身俱乐部，为数众多的社会体育指导员成为直接为社会公众提供体育健身服务的重要人力资源。社会体育指导员、体育场地设施和法规制度共同构成发展社会体育的重要支撑因素。近年来，随着我国社会体育的不断发展，我国出现了大量社会体育指导员，他们对促进社会体育的发展起到了重要的推动作用。社会体育指导员的社会作用，概括起来主要有以下几点。

1. 推动体育产业全面发展

众所周知，社会体育产业是体育产业的重要组成部分。从世界范围来看，社会体育产业的发展规模已经超过了竞技体育产业。社会体育产业发展的状况，对整个体育产业的发展起着举足轻重的作用。社会体育指导员是社会体育产业中重要的人力资源，因此，他们的工作，在促进和推动体育产业发展中发挥着重要的作用。

2. 增进公民身心健康，提高生活质量

社会体育指导员开展的各项社会体育指导工作，直接作用于广大公民群体，为公民增强体质、增进健康、愉悦精神、善度余暇服务，在全社会建立科学文明健康的生活方式，

不断提高生活质量方面发挥着重要的作用。

3. 促进社会主义精神文明建设

体育是综合性的社会文化活动，是社会主义精神文明的重要内容。社会体育指导员进行现代体育观念的传播和科学健身知识的普及，不但能够帮助广大群众强身健体，而且在陶冶情操、提高文化修养、树立道德风尚、积极促进社会主义精神文明建设方面发挥着重要的作用。

（二）《社会体育指导员管理办法》的意义

根据《中华人民共和国劳动法》《中华人民共和国职业教育法》建立的《社会体育指导员管理办法》是我国劳动制度改革的重要内容之一，是我国对社会体育人力资源开发的一项战略措施。建立《社会体育指导员管理办法》是社会主义市场经济发展的需要，是规范体育劳动力市场的重要举措，是促进体育事业发展的需要。推行《社会体育指导员管理办法》具有多方面的意义。

（1）拓宽了社会体育指导员人才培养的渠道，促进了社会体育指导员队伍的发展和建设。

长期以来，我国社会体育人才培养主要是依靠学校教育，但是在学校教育中出现了单纯注重理论知识，轻视操作技能等问题，这影响了社会体育指导员人才的培养。同时，培养渠道单一也限制了社会体育人才的培养。推行《社会体育指导员国家职业资格证书制度》，不仅可以改正以往社会体育指导员培养中存在的脱离实际的缺点，更重要的是，它还能拓宽我国社会体育指导员培养的途径，为广大社会体育指导员开辟一条成才的通道，使广大社会体育指导员在不同层次上都能得到不断提高，从而促进社会体育指导员队伍的发展。

（2）推行《社会体育指导员管理办法》是建立社会体育指导员人才市场和保障就业质量的重要手段。

体育人才市场是人才市场的重要组成部分，是市场经济体制下体育人才实现就业的主要途径。伴随社会主义市场经济体制的改革，社会体育的运行机制也发生了深刻的变化，越来越多的人以社会体育指导员为一种职业，并进行获取劳动报酬的经营活动，因此，设立社会体育指导员人才市场是十分必要的。然而，与其他生产要素一样，体育人才市场要求人才的标准，是对社会体育指导员的质量进行严格检测的结果；从经济关系看，职业资格证书是社会对社会体育指导员拥有的劳动力产权的核定和确认。此外，由于社会体育指导员国家职业资格的鉴定是由国家的一个专门机构来完成的，这使该证书具有很高的可靠性和权威性，且比由用人单位进行检验认证所耗费的费用低得多。这样就降低了社会体育指导员人才市场的运营成本，为人才市场的低耗高效运转提供了良好条件，也保证了就业质量。因此，推行社会体育指导员国家职业资格证书制度，对社会体育指导员人才市场的建立和保障就业质量具有重要意义。

（3）推行《社会体育指导员管理办法》有利于提高社会体育指导的整体素质。

推行《社会体育指导员管理办法》能够提高社会体育指导员的能力和地位。职业资格证书是社会体育指导员知识和技能的证明，推行《社会体育指导员管理办法》能够引导社会体育指导员进一步注重学习，注重提高自身素质，从而有利于提高社会体育指导员队伍的整体素质和社会地位。

（4）推行《社会体育指导员管理办法》有利于体育行政部门加强对社会体育指导员队伍的监控管理。

现代市场经济不是放任自流的无序经济，社会体育市场的逐步形成，要求体育行政部门严格地依法管理和科学地宏观调控。推行《社会体育指导员管理办法》，从微观上说，可以为政府提供对社会体育市场进行管理的有效手段，可以更好地维护社会体育指导员和用人单位的正当权益，防止市场欺诈或其他违法行为的发生。从宏观上说，社会体育指导员国家职业资格证书为体育政府部门对社会体育指导员的管理调控提供了一种方便的工具，使体育政府部门能够根据社会体育市场发展变化来调整社会体育指导员的结构，指导社会体育指导员的培训和就业。

（三）社会体育指导员职业标准的主要内容

社会体育指导员职业标准是由社会体育指导员的职业概况、职业基本要求和具体工作要求等部分组成的。

1. 社会体育指导员的职业概况

（1）社会体育指导员的定义。

《中华人民共和国职业分类大典》中对"社会体育指导员"的职业定义是：在群众性体育活动中从事运动技能传授、健身指导和组织管理工作的人员。

社会体育指导员从事的工作主要包括指导社会体育活动者学习、掌握体育健身的知识、技能和方法；组织人们进行健身、娱乐、康复等活动；协助组织开展体质测定、监测、评价等活动；承担经营、管理及服务工作。

（2）社会体育指导员的等级划分。

社会体育指导员国家职业标准等级分为初级社会体育指导员、中级社会体育指导员、高级社会体育指导员、社会体育指导师四个等级。各个等级的主要职能如下。

①初级社会体育指导员。初级社会体育指导员能够运用基本技能指导练习对象学习基本技术动作和提高基本运动素质。

②中级社会体育指导员。中级社会体育指导员能够针对不同年龄、性别练习对象的情况指导练习者提高专项技术水平、进行健身活动。

③高级社会体育指导员。高级社会体育指导员能够熟练运用各种技能完成技术指导工作；能够为从事不同职业者、残疾人、肥胖体重者提供健身服务；能够组织开展体育活动；具有一定的组织培训和管理水平。

④社会体育指导师。社会体育指导师能够独立解决技术指导过程中遇到的各种问题；能够胜任康复锻炼指导工作；组织开展专业技术培训；具有一定的经营、管理和科研能力。

2. 社会体育指导员的基本要求

（1）社会体育指导员的职业道德。

社会体育指导员职业标准规定，社会体育指导员必须具有以下职业道德。

①社会体育指导员必须遵纪守法。

②不得进行反科学、伪科学、封建迷信以及其他有碍社会精神文明建设的传播活动。

③服务态度热情、周到、诚恳、平等待人，老幼无欺，不得有性别歧视、民族歧视，

不得歧视残障人员。

④行为举止礼貌、大方、谈吐用词文明得体、仪表仪容整洁、保持良好形象。

⑤热爱社会体育事业、工作认真负责、能吃苦耐劳。

⑥努力钻研业务，积极提高服务质量。

⑦以诚实、正直、公平的态度与他人友好协作。

（2）社会体育指导员应具备的基础知识。

《社会体育指导员职业标准》指出，社会体育指导员应具备以下基本知识。

①法律法规知识，包括《中华人民共和国体育法》《中华人民共和国劳动法》等；体育行业与服务行业有关法规知识；国家制订的卫生标准和环境保护知识；消防安全法规知识。

②体育理论基础知识。

③人体运动科学基础知识，包括运动解剖学基础知识；运动生理学基础知识；运动生物力学基础知识；运动医学基础知识；体质测量与评价基础知识。

④体育经营、管理基础知识。

3. 社会体育指导员的具体工作要求

社会体育指导员的具体工作要求是在确定社会体育指导员的职业功能、工作内容的基础上提出的。职业功能是指一个职业所要实现的活动目标，或是一个职业活动的主要方面（活动项目）。根据不同的性质和特点，职业功能可按工作的领域、项目或工作程序来划分。社会体育指导员的职业功能是依据工作领域进行划分的，其职业功能分为咨询、准备工作、技术指导、健身指导、培训及经营与管理等几个方面。社会体育指导员的工作内容是根据社会体育指导员各等级工作的范围和工作任务的不同进行划分的。例如，初级社会体育指导员要完成职业功能中的咨询，就要做好接待和介绍与解答两项工作内容，并对接待工作提出一系列的要求：能够做到主动、热情接待；能够形象得体、举止适度、尊重工作对象；能够正确运用文明用语及礼仪、礼节。对介绍与解答提出的工作要求是：能够完整介绍服务项目及收费标准；能够根据工作对象需求推荐服务项目；能够指导工作对象进行运动前的准备工作；能够使用简单的外语接待外宾。

（四）社会体育指导员的培训、考核鉴定、申报与审批

1. 社会体育指导员的培训

（1）培训时数要求。

根据职业标准规定，各级社会体育指导员应参加相应级别的培训，各级社会体育指导员的培训期限如下。

①初级社会体育指导员接受培训不少于150标准学时。

②中级社会体育指导员接受培训不少于120标准学时。

③高级社会体育指导员接受培训不少于90标准学时。

④社会体育指导师接受培训不少于60标准学时。

（2）培训教师资格。

培训教师必须取得相应级别社会体育指导员职业培训资格证书。初级、中级社会体育指导员的培训教师专业技术职称至少为讲师或具有不低于高级社会体育指导员职业证书的

人员。其中，社会体育指导师的培训教师专业技术职称至少为副教授。

2. 社会体育指导员的考核鉴定

（1）职业标准考核鉴定的适用对象。

社会体育指导员职业标准考核鉴定的适用对象为现从事社会体育指导员工作或愿意从事社会体育指导员工作的人员。在商业性运动场所从业的社会体育指导员必须进行职业技能鉴定；企业、事业单位和社区从事社会体育指导工作的人员，必须实行职业技能鉴定；企业、事业单位的职工以及社会各类人员，根据需要自愿申请社会体育指导员职业技能的鉴定。

（2）社会体育指导员职业技能鉴定的组织机构。

社会体育指导员职业技能鉴定实行政府指导下的社会化管理体制。各级劳动行政部门对全国职业技能鉴定工作实施综合管理。社会体育指导员职业技能鉴定指导中心负责组织、协调、指导社会体育指导员职业技能鉴定工作。社会体育指导员职业技能鉴定所（站）具体实施对社会体育指导员进行职业技能的鉴定。我国的鉴定工作组织系统，由国家职业技能鉴定中心、地方或行业的职业技能鉴定指导中心以及职业技能鉴定所（站）三个层次组成。社会体育指导员职业技能鉴定的组织系统由国家社会体育指导员职业技能鉴定指导中心和社会体育指导员职业技能鉴定所（站）组成。

①社会体育指导员职业技能鉴定指导中心。社会体育指导员职业技能鉴定指导中心是社会体育指导员职业技能鉴定工作的组织、协调和指导机构，其主要职责是：参与制订社会体育指导员职业技能标准；组织社会体育指导员职业技能鉴定工作和考评员的资格培训；开展与社会体育指导员职业技能鉴定及有关问题的研究和咨询服务；推动社会体育指导员职业技能竞赛活动。

②社会体育指导员职业技能鉴定所（站）。社会体育指导员职业技能鉴定所（站）是具体承担对从业社会体育指导员和准备从事社会体育指导员职业的各类人员，进行职业技能鉴定的事业性机构。社会体育职业技能鉴定所（站）有一定的资格条件要求，建立社会体育指导员职业技能鉴定所（站）的条件是：具有与鉴定社会体育指导员及其等级相适应的考核场地和设备；有专（兼）职的组织管理人员和考评员；有完善的管理办法。凡具备建立社会体育职业技能鉴定所（站）条件的省、市体委科研，大专院校等事业单位，可向社会体育指导员职业技能鉴定指导中心申请，建立职业技能鉴定所（站）。

（3）社会体育指导员职业技能鉴定制度。

社会体育指导员职业技能鉴定实行定期鉴定制度。由社会体育指导员职业技能鉴定指导中心负责制订鉴定工作计划，安排鉴定公告的发布。鉴定公告应包括鉴定的工种名称、类别、级别、专业技术知识和操作技能考核的时间、地点以及报名条件等基本内容。

（4）社会体育指导员职业技能鉴定的考评员。

社会体育指导员职业技能鉴定考评员必须具有高级社会体育指导员、中级专业技术职务以上的资格；鉴定高级和社会体育指导师资格的考评员必须具有社会体育指导师或高级专业技术职务的资格。社会体育指导员职业技能鉴定考评员由社会体育指导员职业技能鉴定指导中心进行资格考核，由劳动行政部门核准并颁发社会体育指导员职业技能鉴定考评员资格证书。

社会体育指导员职业技能鉴定所（站）要在取得社会体育指导员职业技能鉴定考评员资格证书的人员中聘任相应等级的考评员，聘期3年，并采取不定期轮换、调整考评员的方式组成考评小组。社会体育指导员职业技能鉴定考评员要严格遵守考评员工作守则和执行考场规则。

（5）社会体育指导员职业技能鉴定试题。

社会体育指导员职业技能鉴定实行统一命题。鉴定试题必须依据《社会体育指导员管理办法》《职业技能鉴定规范》由社会体育指导员职业技能鉴定中心组织编制，经劳动部职业技能鉴定中心技术审定后，由国务院行业主管部门和劳动部共同颁布。社会体育指导员职业技能鉴定题库颁布实施后，一律从题库中提取试题进行职业技能鉴定。社会体育指导员职业技能鉴定发送应按劳动部的统一要求和办法执行。职业技能鉴定题库提供的试卷应采用保密方式以清样形式发送，发送的主要内容为试卷、标准答案、评分标准，操作技能鉴定所需的设备、工具和材料清单等。试卷印制由社会体育指导员职业技能鉴定指导中心负责。试卷运行的各个环节应严格按照保密规定实行分级管理负责制并接受试卷编制部门的监督。

（6）鉴定方式。

理论知识考核采用闭卷笔试，题型结构为填空题10%，选择题60%，判断题10%，问答题20%；实践考核内容结构为讲解、示范、组织。理论知识考核与实践考核均采用百分制，2项考核成绩60~75分为合格；2项考核成绩76~85分为良好；2项考核成绩86~100分为优秀。

理论知识考核成绩按标准答案评定得分。实践考核由3名（含3名）以上考评员组成考评小组，考评员按照标准考评得分表中的细则内容规定各自打分，取考评小组成员的平均分为考核得分（特殊运动项目的鉴定方式按有关文件的规定执行）。

（7）鉴定时间。

①理论知识考试时间：初级社会体育指导员、中级社会体育指导员不少于90分钟，高级社会体育指导员和社会体育指导师不少于120分钟。

②技能考核时间：初级社会体育指导员、中级社会体育指导员和高级社会体育指导员不少于30分钟，社会体育指导师不少于20分钟。

③综合评审时间：不少于30分钟。

④鉴定时间：理论知识考试时间为初级社会体育指导员、中级社会体育指导员不少于90分钟，高级社会体育指导员和社会体育指导师不少于120分钟；技能考核时间为初级社会体育指导员、中级社会体育指导员和高级社会体育指导员不少于30分钟，社会体育指导师不少于20分钟；综合评审时间不少于30分钟。

3. 社会体育指导员的申报条件

申请社会体育指导员的人员必须具有初中以上文化程度（含同等学力）。此外，申报各级社会体育指导员还应具备相应的条件。

（1）申报初级社会体育指导员应具备下列条件之一。

①经本职业初级培训达到规定标准学时数，并取得毕（结）业证书。

②体育中等专科学校本职业（工种）专业方向毕业。

③经本职业正规培训。

（2）申报中级社会体育指导员应具备下列条件之一。

①取得本职业初级职业资格证书后，连续从事本职业工作3年以上，经本职业中级培训达到规定标准学时数并取得毕（结）业证书。

②取得二级以上（包括二级）运动员等级证书，经本职业中级培训达到规定标准学时数并取得培训合格证书。

③高等院校本职业（工种）专业方向专科以上毕业。

（3）申报高级社会体育指导员应具备下列条件。

①具有体育专业中专以上学历，取得本职业中级职业资格证书后，连续从事本职业工作5年以上。

②取得本职业中级职业资格证书后，连续从事本职业工作3年以上，经本职业高级培训达到规定标准学时数并取得毕（结）业证书。

（4）申报社会体育指导师应具备下列条件之一。

①具有大专以上学历，取得本职业高级职业资格证书，连续从事本职业工作5年以上。

②取得本职业高级职业资格证书后，连续从事本职业工作3年以上，经本职业指导师培训达到规定标准学时数并取得毕（结）业证书。

4. 社会体育指导员的申报程序与审批

申报社会体育指导员职业技能鉴定的个人，可向当地社会体育指导员职业技能鉴定所（站）提出申请，职业技能鉴定站负责对申请人的资格审查，报社会体育指导员职业技能鉴定指导中心核准后由职业技能鉴定所（站）签发准考证，按规定的时间、方式进行考核或考评。

对职业资格考核合格的劳动者，经社会体育指导员职业技能鉴定机构审批，发给相应的社会体育指导员国家职业资格证书。社会体育指导员国家职业资格证书是社会体育指导员职业技能水平的凭证。社会体育指导员国家职业资格证书由人力资源和社会保障部统一印制，由国家体育总局颁发，全国通用。

思考题

1. 我国社会体育法规制度的意义和任务是什么？
2. 《全民健身计划（2021—2025年）》的基本思路是什么？
3. 建立社会体育指导员职业资格证书制度有何意义？
4. 申报社会体育指导员需要具备哪些条件？

第八章　社会体育管理概述

> **内容提要**
>
> 社会体育管理是指根据社会体育管理的性质、对象和特点，按照社会体育发展的规律和要求对社会体育组织进行管理和调节。社会体育管理是一项复杂的系统工程，它需要综合运用政治、经济、法律、行政、文化等多种手段。社会体育管理方法是指社会体育组织对其管理对象进行控制和调节所采用的各种方法。

第一节　社会体育管理的内容

社会体育管理的内容分为经费管理、场地管理和人员管理。

一、社会体育的经费管理

（一）社会体育经费的筹集

1. 积极主动、广辟财源

社会体育是体育事业不可缺少的组成部分，又是一项社会性、地域性很强的事业，具有多元辐射功能。社会体育组织应解放思想，更新观念，充分利用市场经济的规律和政策，深入调动社会各方面的积极性，开辟多种经费来源的渠道。同时，社会体育部门还必须积极主动地争取党政领导的重视与支持，将社会体育工作的近期和长期发展规划纳入国家与地方国民经济发展计划，从而提高各级财政对社会体育投资的积极性、计划性、稳定性和投资的力度。

2. 合法守法、依法筹资

对于不同的筹资方式和不同性质的体育单位所允许使用的筹资手段，国家均有相应的法律、法令、条例规定，相关体育单位必须严格遵守这些规定。遵守国家的法律、行政法规、条例，符合党的政策，依法筹资是社会体育经费筹集的基本前提。

3. 满足需要、减少占用

应本着"满足需要，减少占用"的精神，合理确定筹资金额，科学选择不同的筹资方式和筹资结构，尽量降低成本，提高筹资效益。

4. 把握风险、合理举债

把握风险、合理举债，筹资风险的大小与借入资金多少的比例成正比。筹资风险增大，既存在获取高额风险报酬的可能，也潜伏着更大的风险。社会体育单位不可盲目提高负债比例，应根据社会资金的流动速度和自身实际状况，明确举债用途，科学确定举债金额限度，确定合理的自有资金与借入资金的比例，充分考虑举债承受能力和偿还能力，把握风险，使损失小、收益大。

（二）筹集社会体育经费的途径

1. 国家财政拨款

国家财政拨款是现阶段社会体育经费的主要来源，具体包括中央和地方政府预算内直接与间接的拨款，中央和地方财政提供的固定资产基建借款，国家利用财政信贷方式发放的社会体育部门的周转资金，国家通过减税让利、涵养财源方式向社会体育经营单位让渡的资金，中央向地方自治区域和"老、边、山、穷"地区提供的特殊性补贴中的社会体育经费。

2. 社会团体投资

社会团体投资主要包括各级社会体育组织、社会群团组织、民间体育组织以及厂矿、企业等，对社会体育事业的直接与间接投资。

3. 社会集资

社会集资即通过发行体育彩票、招股、联营、引进民间资金或外资等方式广泛吸纳社会闲散资金。

4. 负债筹资

负债筹资即以偿还和付息为条件的借入资金的筹资行为，分为短期负债和长期负债两种类型，具体方式有国有银行借款、非银行金融机构和商业银行借款、国家财政周转金供款、融资租赁、商业信用、发行债务等。

5. 社会体育产业开发

社会体育产业开发即通过多种形式的社会体育产业开发活动进行创收，弥补社会体育事业计划内收入不足的情况。社会体育产业开发可沿体外循环与体内循环两种基本思路进行，即开发与体育无直接关系的生产经营活动赢利和开发与体育直接有关的经营活动获取收入。体内循环获取社会体育经费的途径有体育要素市场开发收入、体育竞赛市场开发收入、体育健身娱乐市场开发收入、体育"无形资产"市场开发收入等。

（三）社会体育经费的分配与使用

1. 社会体育经费预算

预算在形式上是一整套预计的财务报表和其他附表。按照不同的内容，可将社会体育经费预算的种类与内容分为经营预算、投资预算和财务预算三大类。

①经营预算是指社会体育经营单位日常发生的各项基本活动的预算，主要包括销售预算、生产预算、直接材料预算、直接人工预算、制造费用预算、成本预算、推销及管理费用预算等。

②投资预算是对社会体育部门的固定资产的购置、扩建、改造、更新等在可行性研究的基础上编制的预算。它具体反映在何时进行投资、投资多少、资金从何处取得、何时可获得收益、每年的现金流量和回收全部投资需要的时间等。

③财务预算是指体育单位在计划期内反映有关预计现金收支、经营成果和财务状况的预算，主要包括"现金预算""预计收益表"和"预计资产负债表"。由于前述的各种经营预算和投资预算中的资料，都可以折算成金额反映在财务预算内，所以，财务预算就成为各项经营业务和投资的整体计划，故又称为"总预算"。

④预算审批是指社会体育部门根据上级下达的年度事业计划，按照上年度收支预算执行情况和有关经费开支标准及预算定额，由财会部门提出预算数和详细说明及计算依据，经审核同意后报上级体育部门审核汇总，再报与上级部门同级的财政部门。由财政部门对预算建议数进行审核并根据财力状况分配和下达预算指标后，单位再调整为正式的收支预算，经体育部门核报同级财政部门批准后执行。

⑤预算调整包括预算的追加追减、项目调整、预算划转等。预算经财政部门批准后，即成为预算执行的依据，不得随意调整和变动。在执行过程中，如遇不做调整就无法执行的特殊情况，必须按规定程序经体育部门向同级财政部门提出追加（或追减）预算的申请，经批准后方可执行。

2. 社会体育经费的分配和使用

为了促进社会体育事业的进一步发展，我们不仅要广开财路，积极筹集社会体育经费，还要合理分配、有效使用社会体育经费，要加强社会体育经费的科学管理，使它发挥出更大的使用效果。

（1）社会体育资金的分配。

社会体育资金的分配是体育部门为了促进社会体育事业的发展和协调其关系而进行的经费分配。合理分配社会体育资金对促进社会体育的发展有重要作用。首先，通过社会体育资金的合理分配，能促进社会体育活动的协调发展。其次，通过社会体育资金的合理分配能促进社会体育运动的合理布局。

社会体育资金的分配，必须遵循正确的分配原则。首先，社会体育资金的分配，必须同社会体育结构相适应，并能使社会体育结构合理化。其次，要集中使用资金，保证社会体育事业的发展。我国的社会体育事业在其发展过程中会出现不平衡的现象，因此，必须根据社会体育事业发展的具体情况，确定一定时期内社会体育事业发展的重点，以便集中资金，保证重点发展。这样就能使有限的社会体育投资达到最佳使用效果。最后，在分配社会体育资金时，还要量力而行，留有余地。由于目前所能筹集的社会体育资金数量有限，所以社会体育资金的分配必须根据社会体育事业发展的需要和财力的大小，来确定这个时期内各项社会体育事业的发展规模和速度。同时，由于社会体育事业发展是一个复杂的过程，难免会出现各种矛盾及某些意外情况，为了保证社会体育事业的顺利发展，随时对不平衡的现象进行调节，需要掌握一定数量的机动财力。

（2）社会体育经费的使用。

社会体育经费的使用，是为实现社会体育计划进行工作和开展业务活动所支付的费用。社会体育事业经费的使用一般分为人员经费、公用经费、差额补助、专项支出经费等。经费使用应严格按照国家财经法规、制度和纪律执行，实行单位领导负责制，由单位财会部门统一管理，严格按照批准的预算计划额和开支范围、开支标准办理支出；应量入为出、精打细算，注重效益分析；应严格管理支出凭证，做到专款专用、单独核算和加强社会集团购买力及预算外开支管理。

二、社会体育管理的场地管理

社会体育管理的场地管理是指对特定场地进行规划、组织、协调、控制等一系列管理活动，以确保场地安全、高效、经济地运行，主要内容包括以下几种。

（1）社会体育场地设施日常维护。

①体育场地设施建档保管。应将各类体育场地设施进行详细记载，对设施进行合理分类，做到数量方面和账物一致、质量方面技术效用和机能标准不变。

②建立体育场地设施的使用制度，让工作人员按照制度办事。

（2）社会体育场地设施的经营。

①经营前提。社会体育场地设施的首要任务是为社会体育服务，其次是通过一定范围内的经营，增加收入，从而更好地改善体育场地设施的条件。

②经营体制的建立。社会体育管理部门根据近几年来社会体育场地设施转换经营机制的经验，把经营承包责任制作为我国社会体育场地设施的经营体制。

③体育场馆经营管理。经营管理是体育场馆管理中最复杂、最具有综合性的职能，场馆经理们的职责范围很广，包括赛事协调、技术支持、安全保卫、维护保养和后勤保障工作。

三、社会体育管理的人员管理

社会体育管理的人员管理是指社会体育管理部门负责制订社会体育工作人员管理制度，组织实施本制度的执行，对从事社会体育工作的相关人员进行考核和监督，具体情况如下。

1. 任职条件

（1）热爱体育事业，具有良好的道德品质。

（2）具备一定的体育专业知识和技能。

（3）具备良好的沟通能力与团队协作精神。

（4）服从上级领导的安排。

2. 培训与考核

（1）社会体育工作人员应定期参加业务培训，提高自身业务水平。

（2）社会体育管理部门应组织定期考核，考核内容包括专业知识、技能水平、职业道德等方面。

3. 工作纪律

（1）社会体育工作人员应遵守国家法律法规，遵守职业道德，不得利用职务之便谋取私利。

（2）社会体育工作人员应保守工作秘密，不得泄露国家秘密和单位商业秘密。

（3）社会体育工作人员应保持良好的职业形象，不得参与任何有损体育形象的活动。

4. 奖惩制度

（1）对表现优秀的社会体育工作人员，给予表彰和奖励。

（2）对违反本制度的社会体育工作人员，视情节轻重给予警告、记过、降级、辞退等处理。

第二节　社会体育的场地设施

一、社会体育场地设施的性质和分类

在改革开放之前，我国体育场地设施基本上属于国有，用于运动队的训练比赛或学校及企事业单位的内部体育活动。改革开放之后，特别是经济体制改革以来，伴随着体育的社会化和产业化，体育场地设施的性质和分类发生了巨大的变化。目前，我国体育场地设施有三种分类标准。

（一）根据产权性质分类

我国体育场地设施按产权性质可分为国有、集体、国内私有、外资（含中外合资）和其他。这表明，我国体育场地设施的性质已呈多元化状态，虽然国有体育场地设施仍然占3/4以上，但其他类型的体育场地设施已占相当比例。

（二）根据经营性质分类

我国体育场地设施按经营性质可分为公益性、事业性、营利性三类，所占比例分别为37.30%、38.80%、23.90%。公益性场地设施指用于运动训练竞赛、各类福利性社会体育活动的体育场地设施。此类场地设施大多属于国有性质，一般为中等或中等规模以上。事业性场地设施指学校及各类企事业单位所属的场地设施，此类场地设施在改革开放之前主要用于单位内部师生、职工的体育教学和群体活动，已逐步向社会公众开放。营利性体育场地设施指以营利为目的的商业性体育场地设施，包括单独经营的场地设施，宾馆、饭店等附设的体育场地设施等。近年来，营利性体育场地设施发展很快，已占有相当高的比例。

（三）根据所在区域分类

我国体育场地设施中有69.40%设在城市市区，有10.40%设在郊区，有20.20%设在农村。值得注意的是，设在农村（乡镇及乡镇以下行政区域）的体育场地设施在近年来虽然呈增长趋势，但与我国农村人口相比较，所占比例仍然远低于城市，这不仅由于农村人口中体育人数少，消费能力低，也由于农民参与体育锻炼的条件受到限制。

二、社会体育的从业人员

社会体育的从业人员是指在从事社会体育工作的专业人员，包括社会体育指导员、教

练员、裁判员、健身指导员等。这些人员需要具备专业的知识和技能，能够为社会体育活动提供专业的指导和组织管理。

社会体育指导员的主要职责是协助政府部门、企事业单位、社会团体等开展群众性体育活动，进行体育教育和培训以及提供健身指导等服务。

教练员是指在运动训练和体育教学中，从事专业技能指导和教学管理的专业人员。他们需要具备较高的专业知识和技能水平，能够根据运动员的特点和需要进行有针对性的训练和指导。

裁判员是指在体育比赛中担任裁判职务的专业人员，主要职责是确保比赛的公正性和规范性，依据规则对比赛进行裁决和判定。他们需要具备专业的裁判知识和技能，能够准确理解和执行比赛规则。

健身指导员是指在健身场所为健身者提供健身指导的专业人员，主要职责是根据健身者的身体状况和需求，提供专业的健身计划和指导，帮助他们实现健身目标。他们需要具备专业的健身知识和技能，能够为健身者提供安全、有效的健身服务。

第三节　社会体育管理的方法

一、社会体育经费的管理方法

（一）社会体育经费的经济核算

1. 经济核算的内容

（1）资金的核算，即核算资金的分配、占用情况和周转速度。

（2）成本的核算，即核算综合费用额和单项费用额。

（3）效益的核算，即对社会体育经费所产生经济效益的核算。

2. 经济核算的组织

（1）应加强核算的计划性，对核算的目标、步骤、时间进度作出计划安排，保证核算按计划有步骤地进行。

（2）按业务核算、会计核算、统计核算进行必要的分工，力求原始记录真实，定额指标完整，会计账务及时准确，统计报表系统可靠，综合核算和分口核算相结合。

（3）建立有领导的专业核算队伍，并和群众核算相结合。

（二）社会体育经费的财务分析

（1）资金分析。分析资金的来源、投向和分配、使用、周转速度与变动原因。

（2）费用（即成本）分析。分析费用支出的合理性、合法性、成本计划的完整程度、费用变动的原因。

（3）收入和利润分析。分析收入和利润构成、完成计划的程度、增减变动的程度和原因。

（4）效益分析。分析经济效益、社会效益提高的程度及其变动的原因。

二、财务分析的方法

财务分析方法取决于社会体育财务活动的内容和特点,主要有综合分析方法和具体技术分析方法。综合分析方法的基本程序为确定分析课题—搜集整理资料—对比分析评价。具体技术方法中最常用的是对比方法,它把核算所提供的财务指标,就其相关部分进行量的对比。常见的对比有:同一时期的实际数与计划数对比;与同行先进水平或本单位历史最高水平相比;部分与总体之比等。

财务分析的结果,要写出分析的具有说明性和结论性的报告。财务分析报告应做到内容完整、数字准确、情况真实、语言简练、结论明确。财务监督是根据国家的财经制度、政策法令、财务计划和财务标准对财务活动进行的检查和督促。

1. 财务监督的内容

财务监督的内容包括对财务资料、财务活动和财务收支的合法性、合理性、真实性、完整性与及时性的审查和监督。其具体内容有:财经制度、法律、行政法规和政策的执行情况;财务标准执行情况;资金使用和费用的支出与收入的来源情况;财产的保护和使用情况;规章制度建设情况;收入和利润的分配使用情况。

2. 财务监督的基本方法

按监督检查的范围,财务监督方法可以分为全面检查和专门检查;按监督检查的方式,财务监督方法可以分为单位自查、联审互查和上级检查;按监督检查的内容,财务监督方法分为报表检查、账簿检查、凭证检查和实地(或实物)检查(主要是进行财产检查)。

社会体育财务监督应注重在坚持事后监督的基础上加强事中控制和事前监督,以及预算外的资金监督和审计工作,加强对经济违法犯罪行为的查处力度。

三、社会体育场地设施的管理方法

(一) 社会体育场地设施管理任务

体育场地设施是开展社会体育活动所必备的物质条件。目前,我国在体育场地设施方面存在的问题是用于社会体育活动的体育场地设施数量不足,以及现有体育场地设施向群众开放不够,利用率偏低。社会体育场地设施管理的任务即为提高用于开展社会体育活动场地设施的数量、质量并提高现有体育场地设施的利用率,为社会体育活动创造条件。

社会体育场地设施体系,是指由一系列互相联系的因素所组成的社会体育场地设施整体,它包括体育设施的数量、种类、规模、装备和布局等。在规划社会体育场地设施的建设时,我们应当正确认识并处理好这些因素之间的关系。

1. 确定社会体育场地设施的数量

社会体育场地设施的数量要能够满足发展社会体育运动的需要。决定社会体育场地设施需要量的因素主要是人口数量和参加体育活动的人数。一般来说,人口越多,参加体育活动的人数也越多,因而社会体育场地设施的需要量也就越多。

2. 配置社会体育场地设施的种类

社会体育场地设施的种类在一个地区应尽量完整配置。社会体育场地设施的种类配置取决于如下因素。

（1）各地群众喜爱的体育活动。各地群众对体育活动的爱好不同，社会体育场地设施的种类配置就不同。例如，某城市的群众普遍喜爱田径，而另一城市的群众普遍喜爱排球，为此，社会体育场地设施的种类配置就应有所区别。

（2）不同年龄的群众对体育活动的不同需要。年龄不同的人，对体育活动有不同的要求，因此，社会体育场地设施的种类配置也应有所区别。

（3）不同职业的群众对体育活动的不同需要。例如，脑力劳动者与体力劳动者分别密集的两个地区，其社会体育场地设施的种类也应有所区别。

3. 控制社会体育场地设施的规模

社会体育场地设施的建设规模要适当。社会体育场地设施的规模，是指带看台的各种体育场馆。这种体育场馆规模的大小对其利用率的高低有很大的影响。影响社会体育场地设施规模的因素如下。

（1）人口数量和参加体育活动的人数。人口数量多的城市或地区，参加体育活动的人数也就相对多一些，因此，社会体育场地设施的规模就应适当大一些。

（2）群众对体育活动的传统爱好。群众对某些体育活动有传统的爱好，参加这些体育活动的人数就会多，与此有关的体育场地设施的规模就应大一些。

4. 确定社会体育场地设施的装备水平

社会体育场地设施的装备水平要根据不同的用途来确定。一般来说，用于大型国际比赛的体育场地设施的装备水平应高一些；社会体育活动场地设施的装备水平则可以简单些。

5. 确定社会体育场地设施的布局

社会体育场地设施的建设布局要合理。社会体育场地设施如何布局，是规划社会体育场地设施建设和建立完整的社会体育场地设施体系的先决条件。社会体育场地设施的布局应遵循下列原则。

（1）要接近服务对象。通过提供体育运动服务来满足人民群众进行体育活动的需要是社会体育场地设施的基本职能。因此，接近服务对象应是社会体育设施布局时应遵循的首要原则。根据这一原则，应当在居民居住区建设社会体育设施。

（2）要交通方便。与居民区的距离尽量控制在步行15分钟可达的范围内。

（3）要相对集中。社会体育场地设施的建设要相对集中，这样可以减少占地面积和节省配置服务设施，从而节约基本建设投资和管理费用，也便于统一经营。

6. 建立我国的社会体育场地设施网络

我国幅员辽阔，人口众多，各地的经济与社会发展水平很不平衡；自然环境和气候条件的差异很大；城乡体育运动发展水平和群众传统体育爱好也有差别。根据我国的国情，可建设如下的社会体育场地设施网络。

（1）在工厂、农村、学校、部队机关等基层单位原有基础上建设群众性和娱乐性的体育活动场所，促进社会体育活动的开展。

（2）在城市建设城市系统的社会体育场地设施。可以在城市居民小区、文化休闲广场建设一些大众性、娱乐性的社会体育设施。

7. 提高现有体育场地设施的利用率

与体育场地设施利用率直接有关的三个因素：一是对社会的开放程度，二是开放时间，三是自身的经营状况。在各类体育场地设施中，个体体育设施开放的比例最大，而国有体育设施则开放的比例最小，而我国有 3/4 以上的体育场地设施属国有性质。从现状看，不要过多地寄希望于社会体育场地设施能迅速配备，而应把注意力集中在将国有体育场地设施积极向广大群众开放，以缓解社会体育设施不足的燃眉之急。同时，还要转变观念，逐步完成国有体育场地设施由事业性、公益性向经营性的转变，为社会体育活动服务。

（二）社会体育场地设施的管理内容

社会体育场地设施的管理是对用于社会体育活动的场地设施的建设、利用改造、维修，以及经营的管理，目的是提高社会体育场地设施的使用效益。

社会体育场地设施的建设包括场地设施的新建、扩建、改建，以及重建（即恢复）和迁建，通常以新建、改建和扩建为主。

1. 社会体育场地设施的管理内容

体育场地设施建设的管理按照管理的层次划分，可分为国家宏观管理与建设单位微观管理。

（1）国家对社会体育场地设施建设的宏观管理，主要包括制订全国社会体育场地设施建设发展规划，提出各地区不同发展阶段体育设施发展目标和指导性计划；落实各地区、部门、单位以及个人投资建设社会体育场地设施；通过制订法律、制度、政策和各种管理标准和规章，为社会体育场地设施的建设、利用和管理创造良好的外部环境并进行必要的监督。

（2）建设单位对社会体育场地设施的微观管理，根据建设的阶段可分为计划管理、设计管理和施工管理。

①计划管理：社会体育场地设施建设的管理首先是计划管理，即有计划地建设社会体育场地设施。各地区、各单位必须制订社会体育场地设施的建设计划，指导体育设施的建设，保证社会体育场地设施建设顺利进行，提高社会体育场地设施建设的投资效益。

社会体育场地设施建设计划的任务是合理确定社会体育场地设施建设的项目、数量、规模和建设水准以及投资总额，保证社会体育活动的顺利开展。

社会体育场地设施建设计划的内容包括两个方面：社会体育场地建设的项目计划，即确定计划期内建设的项目、用途、规模和装备水平以及建设的地址；社会体育场地建设的投资计划（即确定投资金额），包括年度投资额和总投资额。

②设计管理：社会体育场地设施的设计工作是一项复杂的技术工作，除了必须遵循一般生产设计的"坚固适用、经济合理、技术先进"的原则外，还要注意体育设施的特殊性。为了充分利用体育设施，在设计时应考虑场地要适合开展多种社会体育活动并具有多种功能，如举办展览和文艺演出等。有的地区和单位受财力的限制，设计时可以考虑为今后改建创造一定条件。

③施工管理：施工也是社会体育场地设施建设的基本环节，因此，建设单位对这项工作也要进行必要的管理。选择水平比较高、比较负责任的建筑队伍；要签订建筑合同书；

要先设计、后施工，保证施工质量；对施工过程要进行现场监督，以保证施工质量；最后要进行合格验收。

2. 社会体育场地设施建设管理的要求

社会体育场地设施建设涉及因素多、协调难度大、施工过程复杂。在管理过程中应做到严格执行国家的有关规定，必须对每项拟建场地进行科学的可行性论证和方案对比，从需要与可能两方面合理控制社会体育场地设施建设规模，确保建设投资决策正确；注意科学布局，使社会体育场地设施在种类、数量、功能和空间上能够合理配置，形成科学、优化的综合体系；要从实际情况出发，量力而行，从而提高投资效益。

（三）社会体育场地设施的使用和维修管理

1. 使用管理

（1）正确选择社会体育场地设施及其必要的装备。

（2）社会体育场地设施，无论是类型的选择、数量的安排还是位置的选择，都要与体育运动开展的需要相适应，还要方便社会体育活动的开展。

（3）合理安排使用社会体育场地设施，提高利用率。

（4）建立和健全社会体育场地设施使用的管理制度，保证安全、有序地使用社会体育场地设施。

2. 维修管理

维修的目的是降低社会体育场地设施故障发生的概率，消除安全隐患，延缓劣化，保持社会体育场地设施较高的完好率和使用率，充分发挥其服务功能。维修包括保养维护和修理管理。

（1）保养维护。保养维护包括日常维护、定期维护、区域维护、计划维护和点检维护几种形式。

①日常维护：经常化制度化的维护工作，包括使用前、使用中、使用后三个例行维护环节。

②定期维护：在日常保养维护的基础上，规定设施在运行某段时间后从更深层次上进行的保养维护。

③区域维护：体育单位内跨部门跨区域的公用设施，按划分的责任界限或分工区域进行的维护工作。

④计划维护：以本单位全部场地设施维护计划为基础，根据计划维护指令进行的指定维护工作。

⑤点检维护：对影响场地设施正常运行的一些关键部位进行的经常性检查和重点专项控制。

（2）修理工作。修理工作可分为大修、中修、小修、项修、计划外修理。大修，即以全面恢复场地设施原有功能和保持其使用寿命的周期性、预防性的计划修理；中修，即介于大修和小修之间，需要进行部分停休的日常修理；小修，即对使用过程中发生的临时性故障或损坏较小的经常性修理，或对零部件、元器件的更换和修复；项修，即针对场地设施的某一功能（项目）故障原因或位置而进行的小修；计划外修理，即在修理计划之外发生的，在突发性事故和故障后进行的修理工作。

(四) 社会体育场地设施的经营管理

社会体育场地设施的经营管理正由行政型管理向经营型管理转变，这是由社会主义市场经济规律决定的。我国社会体育场地设施管理工作的根本出路在于改革，即进一步改革现行的经营管理体制，处理好社会效益与经济效益的关系，在为社会体育的服务中生存和发展。

1. 转变思想观念，改革管理体制

社会体育场地设施要改善管理，提高使用率，成为开展社会体育活动和培训体育人才的基地，同时，要讲究经济效益，积极创造条件实行多种经营，逐步转变为企业性质的管理方式。在管理体制上要改变依靠国家财政拨款、单一行政管理、分配平均主义等弊病。另外，还要转变观念，不断完善经营型管理。

2. 开展多种类服务

我国体育场地设施使用率低的主要原因是服务的单一化，即只用于运动训练和比赛。所谓多种类服务，是指除开展体育活动之外，还可提供其他服务。

3. 完善管理制度

国内外的体育场地设施管理经验表明，管理体育场地设施必须有完善而又严格的管理制度。完善的管理制度应包括目标管理、财务管理、奖惩办法与手段等内容。目前，我国的体育场地设施都有一些管理制度和措施，但大部分没有制订目标管理的规定。目标管理在对群众开放的社会体育场地设施管理中尤为重要，也是严格管理的主要措施。

4. 全面提高管理人员的素质

培养一批有开拓性、进取性、时代性的管理者，这是做好经营管理工作的关键。只有提高社会体育场地设施服务人员的业务能力和整体素质，使服务质量和整体管理水平更上一层楼，才能给体育场地设施带来良好的社会效益和经济效益。

5. 完善承包经营责任制

承包经营责任制是由承包、经营和责任制组成的复合概念，这种管理形式能体现所有权与经营权适当分离的原则，扩大了场地设施的自主权。

6. 所有权与经营权的分离

上级主管部门对体育场地设施实行宏观调控，即依据国家政策、法律对其进行间接管理和监控。经营者则应该按规定的权益和义务充分发挥经营才能，调动各方面的积极性，实现自主经营和自我发展。

7. 科学合理地核定承包基数与分配比例

确定承包基数时，既要考虑往年完成各项指标的情况，还要注重市场调查和分析，也要考虑国家有关的经济政策、市场发展趋势和场地设施的实际情况，科学地确定承包基数。另外，还要根据国家、集体、个人三者利益一致的原则合理确定分配比例。调动承包者的积极性和创造性。

8. 努力解决承包中的短期行为问题

短期行为是体育场地设施承包中很突出的问题，应该引起重视。主管部门在下发承包

任务时，要更多地考虑体育场地设施的长期发展和使用问题，不应当只追求承包期内的短期利益；要通过确定合理的承包期限，克服所有者与经营者之间实际利益的矛盾，避免因承包期短而出现的短期行为；要提高承包人的思想责任感，使其树立长远整体利益为主的观念，正确处理好国家、集体与个人三者之间的利益关系。

场地设施所有者要加强宏观调控，实行定期或不定期的检查并进行监督。

四、社会体育从业人员的管理方法

实施社会体育的从业人员管理是确保社会体育活动质量和安全的重要环节。以下是实施社会体育从业人员管理的主要方法。

1. 职业资格认证

实施社会体育的从业人员需要具备相应的职业资格认证，包括各种体育教练员、裁判员、运动员等。建立职业资格认证制度，规范从业人员的从业标准和要求，确保从业人员具备基本的职业能力和素质。

2. 培训与考核

加强对从业人员的培训和考核，提高他们的专业素质和服务能力。通过定期的培训和考核，确保从业人员具备必要的专业知识和技能，能够胜任所从事的社会体育工作。

3. 持证上岗

实施社会体育的从业人员需要持有相应的资格证书才能从事相应的工作。建立持证上岗制度，规范从业人员的执业行为，确保从业人员具备相应的职业能力和素质。

4. 劳动合同管理

对从业人员实行劳动合同管理，明确双方的权利和义务，规范从业人员的聘用和解聘流程，通过签订和管理劳动合同确保从业人员的工作稳定和合法权益。

5. 薪酬待遇

制订合理的薪酬待遇政策，根据从业人员的专业素质、工作表现等因素给予合理的薪酬和福利待遇，激发从业人员的工作积极性和创造力。

6. 社会保险

为从业人员提供必要的社会保险，包括养老保险、医疗保险、失业保险等，确保从业人员的社会保障和福利。

7. 行业自律

建立行业自律机制，规范从业人员的执业行为和道德准则，促进从业人员的自我约束和自我管理，通过建立行业自律机制提高社会体育行业的整体形象和社会认可度。

8. 监督与奖惩

对从业人员实行监督与奖惩制度，对表现优秀的从业人员进行表彰和奖励，对不规范执业和违规行为的从业人员进行惩处，通过实施监督与奖惩制度确保从业人员的执业行为符合相关规范和标准的要求。

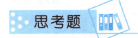

1. 社会体育资金筹集的基本要求有哪些?
2. 社会体育资金筹集的途径有哪些?
3. 社会体育资金分配的原则有哪些?
4. 请结合我国实际情况说明建立完整社会体育场地设施体系的方法。

第九章 社会体育组织机构与职能

> **内容提要**
>
> 社会体育的组织机构是指体育社团（包括项目和人群协会）、体育民办非企业单位、体育基金会、自发性社会体育组织（包括健身活动站点、团队、网络组织等）等以发展社会体育为目的的非营利性组织。在我国，社会体育组织机构主要包含职工体育、农村体育、社区体育三部分。本章主要介绍这三类组织机构的社会意义、组织职能等内容。

第一节 社会体育的组织机构

一、体育行政机构

（一）体育行政机构的组成

我国的体育行政机构主要是指对体育事业实行全面管理的专门机构，即国家、省、自治区、直辖市、地（市）、县各级体育局。它主要由四部分组成，分别是国家体育总局、各省、市、自治区人民政府体育局、国家体育总局下属的各专业性体育协会、全国性大型综合性运动会组委会等。一般来讲，全国性的大型综合性运动会组委会包含中华全国体育总会、中国奥林匹克委员会、中国体育科学学会、各行各业体育协会等。下面是对各个组织机构的详细介绍。

（1）中华全国体育总会：成立于1952年，是全国群众性的体育组织，是依法成立的非营利性社团法人。中华全国体育总会实行协会制，其下属团体包括省、自治区、直辖市的体育总会和全国各单项体育运动协会等。

（2）中国奥林匹克委员会：成立于1910年，以推动奥林匹克运动和发展体育运动为宗旨的全国性、群众性、非营利性体育组织。

（3）中国体育科学学会：由全国热心体育科学技术的科技工作者和有关单位自愿组成，是依法登记的全国性、非营利性的学术性群众团体。

（4）各行各业体育协会：行业体育协会领导本行业职工参与体育活动。

体育行政机构是我国体育事业发展的重要组织维护机构，其设立与运行不仅有助于全国体育事业的发展，也有助于推动全民健身水平和国家竞技体育水平的提高，因此，对于我国体育事业的发展来讲，国家的行政机构具有重要意义。

一般来讲，除了体育行政机构，其他全国性的大型综合性运动会组委会必须遵守体育类相关法律法规，依法开展对应的体育活动，不得从事非法犯罪活动。也要坚持公益性、公平性原则，不得以任何形式追求组织和个人利益。总而言之，体育类的行政组织对各个环节的要求较高，在国家未来的发展中也起到较重要的作用，因此我国的行政体育机构应当不断提升自身能力和影响力，为推动我国体育事业的发展贡献出更大的力量。

（二）体育行政机构的要求

（1）遵守法律法规。体育类社会组织应当遵守国家相关法律法规，依法开展体育活动，不得从事违法犯罪活动。

（2）坚持公益性原则。体育类社会组织应当坚持公益性原则，不得以任何形式追求组织利益和个人利益。

（3）加强内部管理。体育类社会组织应当建立健全组织内部管理制度，明确组织架构、职责分工、经费管理等事项，确保组织运行的规范性和稳定性。

（4）提高活动质量。体育类社会组织应当不断提高体育活动质量，丰富活动内容，满足成员和社会的需求。同时，还应当注重活动的安全性和环保性，确保活动过程中不发生安全事故和环境污染。

（5）加强沟通合作。体育类社会组织应当加强与政府、企业、社区等相关方面的沟通合作，共同推动体育事业的发展。同时，还应当积极参与国际体育交流合作，推动我国体育事业的发展。

二、社会体育社团

《社会团体登记管理条例》中把社团定义为：中国公民自愿组成，为实现会员共同意愿，按照其章程开展活动的非营利性社会组织。

（一）社会体育社团涵盖的内容

社会体育社团是我国体育事业中必不可少的一部分，一般包含职工体育、农村体育和社区体育。

首先，职工体育一般是指较为健全的体育单位，其活动力度、工作计划和工作制度较为完善，各行各业的体育工作主要由主管部门负责，并有相应的体育机构，职工体育的主管部门应为各产业部门；其次，农村体育是指主要在农村开展的体育活动；最后，社区体育是指在城市中，各个社区相互之间进行和开展的体育活动。

（二）社会体育社团的分类

我国管理职工体育的社会组织分为群众组织和体育社团。群众组织主要是指工会、妇联和共青团。而体育社团主要是指各行各业体育协会，它们是各行各业系统职工根据部门工作的特点和要求，建立的群众性体育组织，负责本系统的体育工作。

从管理组织机构的性质来看，农村体育主要分为以下几种。

（1）各级政府中的农村体育管理机构。我国各级政府体育机构中都设有负责监管农村体育的专门机构，如国家体育总局的群体司，各省、市、县体育局（文体局或教体局）中的群体处、群体科等。

（2）各级群众组织中的农村体育管理机构。这里主要指共青团、妇联等组织中的专门领导，负责对农村妇女、青年活动进行管理。

（3）农村体育馆里的社会团体。这里主要指1986年以来成立的各级农民体育协会。

（4）农村体育管理的民间组织。主要指由农民体育爱好者自发组织起来的各种各样的群众性体育团体，如武术俱乐部、钓鱼协会、冬泳协会、棋社、晨练站点、锻炼小组等。

对于社区体育而言，更多的是面向社区团队所组织的体育活动，可以按照体育活动的参与单元和活动范围、消费类型、活动时间、组织类型、参与人群、活动空间分类。

（1）按参与单元和活动范围分类，社区体育可以分为个人体育、家庭体育、邻里体育、微型社区体育和基层社区体育。

（2）按消费类型分类，社区体育可以分为福利型、无偿型、抵偿型、营利型。

（3）按活动时间分类，社区体育可以分为日常性体育活动（晨晚练活动）、经常性体育活动和节假日体育活动（节日、周末和学生寒暑假体育活动）。

（4）按组织类型分类，社区体育可以分为自主松散型和行政主导型（体育活动点、辅导站、社区单项体协等为自主松散型社区体育；社区体育服务中心、社区体育俱乐部、街道社区体协等为行政主导型社区体育）。

（5）按参与人群分类，社区体育可以划分为学生体育、在职人员体育、离退休人员体育、特殊人群体育和流动人群体育。

（6）按活动空间分类，社区体育可以划分为庭院体育、公园体育、单位辖区体育、公共体育场所体育和其他体育场所。

随着城市经济体制改革的深入开展，我国社会体育社团体也有了新发展，如在一些省市建立了对应的体育协会、联合会和基金会等，在一些城市、农村地区也建立了地区体育协会、街道体育协会等社区团体，为社会体育的发展提供动力。

三、社会体育企业

社会体育企业是指为大众体育活动提供各种体育产品的一类经济部门，他们提供社会活动空间、体育健身与体育娱乐服务、体育用品流通等业务，在经济开发活动中获取利润。

（一）社会体育企业经营活动的意义

做好体育产业经营开发工作是加速体育事业发展的前提条件，而大力发展体育企业是提高人们生活质量的基础。

（二）社会体育企业经营活动的特点

（1）社会体育企业提供的商品是体育服务。

（2）经营市场在时间和空间上具有一致性的特点。

(3) 社会需求的普遍性要求服务部门网络化。

(三) 社会体育企业经营活动

(1) 制订经营开发目标、方针与策略。
(2) 新技术的开发。
(3) 产品制造及提供服务。
(4) 市场开拓商品销售。
(5) 财务管理。

第二节　社会体育机构的职能

一、体育行政机构的职能

我国体育行政机构的职能主要分为以下几部分。

1. 国家体育总局

国家体育总局是我国最高级别的体育行政管理机构，其主要职责如下。
(1) 制订和实施全国性的体育发展规划和政策。
(2) 组织和指导全国性的大型综合性运动会、比赛。
(3) 管理全国性的竞技体育队伍，促进我国竞技水平的提高。
(4) 推动全民健身计划，促进群众参与体育运动。

2. 各省、市、自治区人民政府体育局

各省、市、自治区人民政府体育局是地区政府下设的行政机构，其主要职责包括。
(1) 负责本地区的全民健身工作，组织、开展各种形式的群众性健身活动。
(2) 组织并承办本地区的各级别比赛、运动会等大型综合性运动会。
(3) 管理和指导本地区竞技体育队伍的建设，促进本地区竞技体育水平的提高。
(4) 开展体育文化建设工作，推广全民健身理念。

3. 国家体育总局下属的各专业性体育协会

国家体育总局下属的各专业性体育协会是负责管理和组织相关专项运动项目的机构，其主要职责如下。
(1) 组织和管理相关专项运动项目的比赛、训练等活动。
(2) 推广相关专项运动项目，扩大其影响和普及度。
(3) 培养和选拔优秀运动员，并组建国家队参加国际比赛。

4. 全国性大型综合性运动会组委会

全国性大型综合性运动会组委会是负责策划、组织和实施全国性大型综合性运动会的机构，其主要职责如下。
(1) 策划并制订全国性大型综合性运动会方案、计划等工作。
(2) 组织并承办全国性大型综合性运动会比赛、开闭幕式等活动。

（3）筹集资金、赞助等资源，保障全国性大型综合性运动会顺利进行。

综上所述，我国体育行政机构的职责和具体任务涵盖了全民健身、竞技体育、专项运动项目以及大型综合性运动会等多个方面，它们共同推动了我国体育事业的发展。

二、社会体育团体的职能

从社会体育团体的职能角度来讲，社会体育团体的职能是指职工体育、农村体育和社区体育的机构所承担的职责、作用等内容。

（一）职工体育团体的职能

职工体育团体的职能可以从基层管理组织方式来划分，主要有以下几种形式。

1. 单位领导对职工体育团体的直接管理

企业、事业单位的领导层对职工体育的认识水平和态度，直接影响本单位职工体育的开展。只有领导层充分认识和理解职工体育的功能、作用，认识到开展体育活动与单位主业之间的相互联系，才能对职工体育给予各方面的支持。

2. 制订职工体育工作计划

管理工作离不开目标，目标的实现离不开计划。要使职工体育工作持续高效发展，必须认真制订本单位、本系统职工体育的工作计划，并纳入企事业的整体发展规划之中。职工体育工作计划应包括工作目标、组织机构、规章制度、体育经费、场地设施的投入与建设、体育活动内容、竞赛组织安排、检查验收方式等内容及其保障措施。

3. 做好宣传鼓动工作，营造良好职工体育氛围

一般来说，体育行为受体育意识和体育价值观的影响，要使广大职工自觉积极地参加体育活动，应采用板报、广播、电视、报纸、讲演、体育竞赛等方式大力宣传体育的功能，宣传科学锻炼的知识和方法，宣传体育锻炼积极分子的事迹，为职工营造热烈的体育锻炼氛围。

4. 充分发挥体育骨干的作用

体育骨干实际上是各单位职工体育组织开展活动的中坚力量和积极分子，许多具体工作由他们来完成和执行。因此，企事业单位工会应注意发现培养和大胆使用体育骨干，使之在职工体育活动中发挥支撑、带头、示范和组织作用，启发和带动更多的职工参与体育活动。

5. 定期组织丰富多彩的体育活动和竞赛

开展职工体育活动时应突出特色、趣味性和健身性，组织丰富多彩的体育活动和竞赛表演，就可以吸引群众参加体育活动。

6. 建立职工体育工作检查评比制度

对下级各部门的职工体育工作进行检查评比，奖优罚劣，是促进职工体育发展的一种有效措施。职工体育管理部门和组织应当定期对下级各部门体育活动的开展情况进行检查和评比。对于成绩突出的个人、车间、班组、科室等给予物质或精神奖励。

(二) 农村体育的职能

农村体育的基层组织管理对应于农村体育的三个管理层次，即县级体育组织、乡镇体育组织和农村体育组织，县级体育组织主要包括县政府主管体育的部门及体育社会团体。其主要职责是对全县的农村体育进行规划、管理和协调，组织县级大型体育活动和竞赛。乡镇体育组织是联结县一级组织与农村体育的中介，它主要负责乡镇范围内的体育工作。农村体育组织是农村体育最基层的组织，它直接联系广大农民，组织开展农民的体育活动。当前，我国农村基层体育组织建设比较落后，许多乡镇、村中既没有体育组织，也没有专、兼职的体育干部，致使农村体育在很多地区还存在"盲点"。农村体育实践和农村先进单位的经验表明，建立健全完善的组织体系是发展农村体育的有力保障。长期以来，农村体育难以深入农村的关键在于缺乏乡镇、村的体育基层组织。因此，加强农村体育基层组织建设是发展农村体育工作中的一项艰巨任务。

(三) 社区体育的职能和原则

社区体育管理有其自身的特点和规律，可以概括为六大管理原则。

1. 区域性原则

社区体育的区域性是社区体育的重要特点之一。它是某一特定区域内的大众体育活动，它的参加者、组织者、体育资源等都在特定的区域内。因此，在进行社区体育管理时，一定要立足特定区域，根据特定区域内居民的体育需求、场地设施、经费等情况确定体育目标，制订体育计划，开展体育活动。

2. 合作性原则

现阶段我国社区体育具有明显的过渡性特点，即具有单位体育与社区体育的双重特点，我们称为区域性单位体育与居民体育的联合体。

社区体育的领导机构、街道社区体协与辖区各单位工会、体育协会之间互助合作，共同受益，是当前满足职工体育需求、减轻企事业单位负担、弥补社区体育资源不足、搞好社区体育工作的保证。

3. 自主性原则

社区体育的组织管理方式要以居民自主管理为主。作为非行政性组织，社区内的各种体育协会具有自主性、松散性特点，对社区体育的管理就要充分调动居民体育骨干的积极性，培养他们的自主意识、组织能力和自治能力，依靠他们的力量自主开展社区体育活动。行政力量给予他们政策上和资源上的支持。

4. 因地制宜原则

目前，我国社区体育的场地设施条件较差，各社区间的差异也很大。因此，在社区体育管理中坚持因地制宜原则就显得十分重要，通常有几种做法：①充分利用辖区单位（机关、学校、企事业单位、部队等）已有的场地设施；②充分利用辖区的公园、广场；③充分利用辖区的江、河、湖岸及水域；④将辖区的一切可利用的空地开辟成体育活动场地。

5. 兼顾性原则

社区体育活动的主体是全体社区居民，包括不同年龄、不同性别、不同健康状况、不同体育需求、不同体育基础、不同职业、不同工作时间、不同经济状况的各种人群。为了尽可能满足全体居民的体育需求，在社区体育管理中要力求做到兼顾大多数人的需要。

6. 激励性原则

社区体育是人们自觉、自愿参加的活动，居民的体育兴趣、体育积极性十分重要。因此，在社区体育管理中，要通过宣传营造氛围激发人们的体育兴趣；通过开展娱乐性、趣味性、竞争性较强的日常体育活动和体育竞赛，提高居民的体育积极性；通过表彰、奖励体育优胜集体和个人、体育活动积极分子，树立体育典型等方式，激励和调动人们参加体育活动的积极性。

三、社会体育企业的职能

（1）根据地区经济水平制订市场发展战略，为市场的体育经济发展服务。
（2）更新观念，着力促进居民在体育活动方面消费。
（3）拓宽消费与经营渠道，开发新的经济领域。
（4）加强体育市场经营人才的培育。
（5）制订规范体育市场的发展政策。

思考题

1. 我国社会体育行政机构有哪些？它们各自的职责是什么？
2. 什么是社团？我国现行的社会体育社团有哪些？
3. 什么是社会体育企业？它们存在的意义是什么？
4. 请到一家社会体育企业进行实地考察，并根据其经营情况写出调查报告。

第十章　社会体育的科学研究方法

> **内容提要**
>
> 社会体育的科学研究方法是揭示并探索社会体育本质和发展规律的途径与手段。对社会体育的研究应坚持历史唯物主义、辩证唯物主义的基本观点，运用系统方法论和社会学的理论与方法，客观、全面认识社会体育的本质和规律。本章主要阐述社会体育研究的意义内容与社会体育研究的基本程序和主要方法，还介绍了社会访谈法、问卷调查法及观察法等。

第一节　社会体育科学研究方法概述

一、社会体育科学研究的意义和内容

随着我国体育事业的改革与发展，社会体育领域内正在发生急剧的变化，旧的社会问题逐渐显露，新的挑战也不断涌现。这些问题的复杂性在于，它们往往是相互关联的，处理一个小问题就可能引发一系列的连锁反应。因此，如何科学地解决这些问题，不仅与中国社会体育事业的繁荣和持续发展相关，也会影响整个社会的和谐。鉴于此，对社会体育进行科学研究显得尤为重要。社会体育研究的意义有以下几点。

（一）提高社会体育的管理水平

社会体育计划规划、发展战略的制订，深刻依托社会体育研究所提供的基础数据。此外，社会体育管理体制改革开放的提出也紧密依托社会体育研究的成果。

（二）提高身体锻炼的科学水平

随着人们健康意识的提升，参与体育锻炼的方式正在从自发、随意的活动逐渐转变为自觉、有目的的实践。对于这些现象和变化，进行科学的解释和深入的研究是必不可少的。我国在这个领域反对伪科学的任务还十分艰巨，更需要科学研究给予支持。这些研究

成果不仅对社会体育的管理部门有重要的参考价值，也对每位社会成员有直接的指导作用。

社会体育研究的内容特别丰富，涉及的领域十分广泛，主要包括以下方面。

（1）我国社会体育的经济与社会发展背景的研究。

（2）我国社会体育管理体制改革与创新的研究。

（3）我国体育人口现状与发展趋势的研究。

（4）我国城乡居民生产方式、生活方式与社会体育关系的研究。

（5）体育锻炼、身体娱乐原理与方法的研究。

（6）运动处方、健身方案的研究。

（7）社会体育产业、市场发展的研究。

（8）终身体育的研究。

（9）全民健身运动的研究。

（10）不同人群、不同地域社会体育特殊性的研究。

（11）社会体育与学校体育、竞技体育协调发展的研究。

（12）中国传统健身、养生方法的研究。

（13）中国与外国社会体育的比较研究等。

这些问题都与我国社会体育的发展密切相关，反映了这一领域的发展对于整个社会的深远影响。这些研究不仅涉及医学、心理学、生物化学、生物力学等自然科学领域，也涉及哲学和史学、经济学、社会学、教育学等社会科学领域。

研究社会体育可以反映出社会体育过程中各种因素互相运动的真实情况，进而找出它们的规律，科学地预测社会体育今后的发展趋势，为制订、修改和调整社会体育方针、政策、制度、发展规划和管理方法提供理论依据；及时指出社会体育领域中可能出现的社会问题，探索解决这些社会问题的途径和方法，以保障社会体育自身的健康发展，从而满足人们对健康的需要。

二、社会体育科研程序

对社会体育进行研究时，要符合科学研究的辩证方法和逻辑方法论，以及由这些方法论派生出来的科学研究步骤。任何研究都是针对社会领域中的实际问题，有目的、有计划、有步骤地进行的。社会体育研究对象的复杂性决定了其研究过程中使用的方法具有多样性。社会体育研究的顺序和环节包括以下步骤。

（一）选择课题和提出假设

1. 选择课题

在社会体育研究工作中，选择课题是关键因素。选择课题时，应根据社会体育发展需要和主、客观条件，并在了解学术动态的基础上选题。好的研究课题应具有以下特点。

（1）必须有价值。

（2）必须有科学的现实性。

（3）必须具体明确。

（4）要新颖，有独创性。

(5) 要有可行性。

2. 提出假设

选定课题后,应根据事实和已有资料对研究课题设想出一种或几种可能的答案或结论,而这就是"假设"。

假设的功能主要在于它是理论的先导,起着纲领性作用,指导社会体育研究的深入发展,以避免研究的盲目性。当然,提出一个有价值且可靠的研究假设是一个逐步深入的过程。研究者要在研究的各个阶段不断地审视、调整并完善他们的研究假设。然而,当涉及对社会体育现状的研究时,提出假设可能不是必需的。这是因为此类研究通常重点描述性和分析性的探讨,旨在深入了解和揭示现状,而非验证预设的理论假设。

(二) 研究设计

研究设计是整个研究过程中的关键步骤,其对于提高研究效率和确保研究结果的可靠性和科学性有直接影响。

1. 确定研究类型和方法

要根据研究目的、课题性质确定研究类型并选择研究方法。首先,要根据研究课题的目的要求选择方法。在体育研究的多种类型的方法中,不存在绝对的"最优方法"。哪一种或哪几种研究方法对实现研究目的最有效,就选择哪一种或哪几种。其次,要注意各种方法的独立性及相互联系。研究的每类方法,都有各自的特点及不同的适用条件和范围,不能相互代替。最后,还要注意将各种方法配合起来使用。

2. 选择研究对象

在规划研究设计过程中,应选择具有代表性的研究对象,以确保样本的代表性对于整个研究的有效性和可信度有着重大影响。

(1) 总体、样本、取样的基本概念。

总体,即研究对象的全体,凡是在某一相同性质上集合起来的许多个别事物的集体,当它成为统计研究对象时,就叫作总体,总体是一定时空范围内研究对象的全部总和。样本,是从总体中抽取的、对总体有一定代表性的一部分个体。取样,是遵循一定的规则,从一个总体中抽取有代表性的一定数量的个体。

(2) 选择样本的基本要求。

①明确规定总体:从内涵和外延两方面明确总体界限。研究的目的、课题性质决定总体的内涵。例如,"老年人体育活动现状调查",研究总体就是全国的所有老年人;"城市儿童体育活动特点的研究",总体就是所有的城市儿童。

②取样的随机性:要尽可能使每个被抽取的个体具有均等的机会。这里不存在任何选择的标准,不带有任何有意义的成分,从而尽可能使样本保持和总体有相同的结构。

③取样的代表性:要尽可能使抽取的样本能代表总体。取样的偏差将导致研究结论的无效。只有样本具有代表性,那么由样本特征推断的总体特征才有一般性,对总体的研究结果才有推广价值。

④合理的样本容量:要科学地确定样本的大小,既要满足统计学上的要求,又要考虑实际上收集资料的可能性,并将误差降到最低限度。

⑤取样的基本方法:取样的方法多种多样,要根据研究目的和条件灵活选用。

a. 简单随机取样：有两种具体方式，即抽签和随机数目表。

b. 系统随机取样：也叫等距抽样、机械抽样。先将总体各个观测单位按某一标志顺序排列编号并分成数量相等的组，使组数与取样数相同。然后从每组中依事先规定的机械次序抽取对象。抽样比率的计算公式为：$k = N/n$（K 为抽样比率，N 为总体数，n 为样本数）。

c. 分层随机取样：分层抽样也叫类型抽样、配额抽样。将总体按一定标准，即单位属性特征（变异度的大小）分成若干层次或类型，然后再根据事先确定的样本大小及其各层或各类在总体中所占的比例提取一定数目的样本单位。

d. 整群随机取样：把一个整体，如某学校或班级编号，然后用随机、机械或类型取样方法进行抽取，它不是从整体中逐个地抽取对象，而是抽取一个或几个单位整群作为样本。

抽样的标准、方法以及抽样大小是否适合，关系到研究工作进程的快慢，应该根据研究课题性质特点选择不同的取样方法。

3. 分析研究变量

在研究设计中，关键在于确定多个相关变量及其互动，形成一个复杂的关系网络。为此，研究者需要根据研究目标，清晰地界定和精心挑选所涉及的变量，以确保研究的准确性和深入性。

（1）初步判断自变量与因变量的关系状态。

自变量是由研究者主动操纵而变化的变量，是能独立地变化并引起因变量变化的条件、因素或条件的组合。例如，研究者在社会体育活动内容、开展方式、组织形式等方面采取的变革措施。

因变量是由自变量的变化引起被试行为或者有关因素、特征的相应反应的变量，它是研究中需要观测的指标。

控制变量是与某特定研究目标无关的非研究变量，也叫无关变量。由于它将对研究结果产生影响，需要在研究过程中加以控制。

研究者在考虑研究计划时，首先要对该研究中自变量和因变量将呈现什么样的关系进行初步判断。根据研究目的确定研究的变量，考虑因变量的性质特点及其相互关系。

（2）选择自变量。

根据研究类型确定操纵性自变量和非操纵性自变量，并确定自变量的数目和水平。

所谓操纵性自变量是指研究者可以主动加以操作的变量；而非操纵性自变量则是研究者无法主动加以操作的变量，如被试的年龄、性别、社会经济地位、家庭结构、父母职业等。对二者加以区分的重要意义在于：研究者必须明确确定所要操纵的自变量，即要变革的措施。

（3）确定因变量。

确定因变量时主要应进行两方面的工作。

①在研究中要确定哪些是我们感兴趣的因变量的变化。例如，对于社会转型期体育生活方式的变革，因变量的内容可能涉及：人们的体育行为变化，人们的体育观念的转变等。考虑时尽可能全面、完整，且有重点。

②确定加以测量和检验的反映指标——抽象定义和操作定义。所谓抽象定义，是指对

研究变量共同本质的概括，如体育人口、体育价值观念、体育行为态度等是抽象定义，要对"体育价值观念""体育行为态度"的概念进行界定，作出明确的说明。抽象定义是设计操作定义的基础。

操作定义是指变量的较精确与不含糊的定义。标明因变量是能被觉察和测量的，如研究体育人口时，就要确定测定体育人口的标准。操作定义的确定，有利于提高研究的客观性，有利于提高研究结果的可比性以及保证研究的可重复性。

（4）辨别无关变量。

无关变量是一个相对概念，即相对于一项研究的自变量和因变量关系而言。如果对无关变量的影响不加以控制或消除，就无法确定因变量变化的根本原因。所以在选择研究变量的同时，必须辨明无关变量，考虑哪些无关变量可能对研究结果有影响，需要在研究过程中加以控制。

4. 形成研究计划

研究计划主要包括以下内容：①研究题目课题名称应简明具体，反映研究的实质并有新颖性；②对研究课题目的及意义的简要说明；③课题研究的基本内容，预计突破哪些难题，要说明该课题所研究的具体问题；④课题的研究思路和方法，制订研究工作方案和进度计划；⑤研究课题已具备的工作基础和有关条件；⑥研究成果的预计取向及使用范围；⑦经费概算以及需要购置的仪器设备。

（三）收集资料

研究题目之后，接下来的关键步骤是广泛而深入地收集资料。没有充分的资料支撑，研究工作将难以进行。因此，研究者应当采用多种途径来收集信息，确保资料的全面性和多样性。在资料和事实收集的阶段，主要任务是获取相关的文献资料和掌握新的经验事实。这个阶段构成了科学研究的基石，是进行科学发现的基本前提。

在此阶段，主要运用的是经验方法，如文献法、调查法、观察法和实验法。然而，值得强调的是，采用经验方法并非仅仅是机械的操作性活动。相反，它应当是在科学思维指导下进行的一种创造性实践活动。通过这种方法，研究者能够以更加系统和科学的方式理解和解释数据，从而为研究工作的深入发展奠定坚实的基础。

（四）整理和分析资料

资料的整理和分析是研究过程中至关重要的一环。其涉及将收集到的原始资料根据研究目的进行细致的审视、汇总、分类、补充和评价。这样能够确保资料系统地、全面地反映客观事物发展的过程。若不对资料进行适当的整理和分析，它们只能是一堆混乱、无序的信息，无法有效地阐释研究问题。因此，在社会体育研究中，对资料进行整理和分析是不可或缺的环节。

事实表明，对资料的分析工作是伴随研究全过程的持续活动。考虑到任何事物都是质与量的统一体，社会体育现象也不例外。在探索社会体育规律时，研究者需要同时掌握事物的质的和量的规定性。因此，对收集到的资料进行定性和定量分析变得尤为重要，以便全面、深入地理解和揭示社会体育领域的规律和特点。

1. 定性分析

定性分析作为社会体育研究结果中的分析手段，是最基础的分析方法之一。定性分析的目的在于把握事物的质的规定性，它要求研究者对研究对象进行全面的整体分析，从而获得对该研究对象的完整透视。定性分析在内容上重点关注的是事物的发展过程和它们之间的相互关系。这通常涉及从多个学科视角的探讨，如哲学、心理学、伦理学、历史学、社会学、经济学、人类学和语言学等，以全面性、发展性、反思性和综合性的方式把握研究对象的质的特性。通过定性分析，研究者能够揭示社会体育各组成部分之间的内在联系、发展过程以及与其他方面的关系。这种深入分析不仅停留在表面现象，而是可以探究事物的本质，揭示研究对象变化和发展的真正原因。

2. 定量分析

定量分析，是社会体育研究中另一个基本的分析方法。它赋予研究对象一种纯形式化的符号以反映事物的特征。分析的对象是具有数量关系的资料，包括数字、文字、图形或声音等，而方法则主要是数学分析的方法。对大量的可能是杂乱无章的数据进行算术或逻辑运算，抽取并推导出对某些特定问题具有价值、有意义的数据，经过解释并赋予一定意义使其成为社会体育研究的重要结论。

（五）阐述结果及检验假设

研究人员对收集的资料和事实进行细致的加工和整理之后，可以得出科学研究的重要成果——科学假说或理论。如果研究的任务是验证一个假设，那么通过观察或实验的检验，一旦事实与假设相符，假设便可以提升为假说。同样，如果研究旨在验证一个假说，经过实证检验后，若事实支持这一假说，它就可能发展成为一个理论。假说和理论都是科学研究过程中的重要成果。

在这个阶段，主要采用的是理论方法和逻辑思维方法。撰写学术论文是整个科学研究过程中不可或缺的环节，科学研究成果通常通过学术论文、专著或研究报告等多种形式呈现。因此，这一阶段也是撰写和整理学术成果的关键时期。

三、社会体育研究的主要方法

社会体育研究对象的多样性和研究领域的广阔性，这就决定社会体育研究方法的多样性。社会科学中，如经济学、人口学、法学、教育学等学科的研究方法都可以被用来研究社会体育。自然科学中，如心理学、生态学等学科的研究方法也可以被用来研究社会体育。如果将社会体育这一社会现象作为一个整体来研究它发生发展过程中已显现的规律，就必须做纵剖面的分析，最常用的是历史资料法，而在探求社会体育与其并行社会现象之间的互相作用规律时，则必须进行横剖面的研究，大面积或区域性的抽样社会调查法，又是最有效的方法；研究社会体育对不同类型（职业、性别、社会地位、文化教养）人的社会作用时，则可采用观察法、个案法，甚至更为精细的实验室实验法，其中既有定性的方法，也有定量的方法。

社会体育研究关注的是社会及社会中的人。人作为具有感情和思想的"特殊物质"，与自然界中的其他物质不同。自然界中的物质向我们提供的信息通常是恒定不变的，但在社会体育的研究过程中，对于同一问题也可能由于研究对象的情感、思想等因素而导致输出的信息存在变化。这就要求研究者使用一系列科学的操作方法和技术来获得真实、客观的信息。

社会体育研究方法虽多，而且随着整个科学体系和体育社会学自身的发展不断涌现新的研究方法，但这些方法并非平行发展，而是呈现出有序性、层次性的特点。这种多样化和系统性确保了研究方法能够适应社会体育研究的复杂性和多维性。

第二节　社会体育科学研究的基本方法

一、社会访谈法

按照不同的分类准则，访谈法可以划分为多种类型。例如，基于访谈内容结构的稳定程度，访谈法可分为结构化访谈和非结构化访谈，而这两种类型也常被称为正式访谈法和非正式访谈法或高结构访谈和低结构访谈。根据与被调查者接触的人数，访谈法又可分为小组（集体）座谈调查和个别采访。这些分类反映出访谈法在不同研究环境和目的下的多样性和适用性。

（一）结构性访谈和非结构性访谈

结构性访谈是指研究者严格按照事先设计好的调查提纲，对被调查者进行访问的一种访谈形式。调查提纲上列出的问题都是经过充分详尽的分析研究之后拟定出来的。所有的问题与研究者的研究主题应具有较高的关联度，不可出现不着边际的问题。在访谈时，研究者可按事先准备好的记录表格进行记录（如按括号内的内容设计栏目）。这样整理和统计也就十分方便了。

非结构性访谈是一种自由度较大的访谈。这种访谈与机械地进行面访不同，而是相应于对方、相应于状况自由地变换地进行提问，是一种具有很大灵活性的面访法。

这类访谈适用于社会调查的场合分为两类，第一类是旨在深入探索个人心理层面的深度访谈；第二类则是在正式的谈话和程序无法揭示复杂事实时，进行的确认性询听面访。在这种访谈中，研究者可以自由追踪感兴趣的话题，而被访谈者也可以较少限制地自由表达。然而，研究者在进行访谈之前必须有明确的目标，并在必要时进行引导，以免访谈偏离主题，变成没有目的的闲聊。

非结构化访谈的优势在于它允许被调查者充分表达自己的思想和感情，这可能使研究者获得一些意想不到而又极其重要的资料。

（二）小组（集体）座谈调查与个别采访

1. 小组（集体）座谈

小组（集体）座谈会通常由一位受过专业训练的主持人引导，以一种非结构化且自然的方式与小组成员进行交流。主持人的职责是组织和引导讨论。这种方法的核心目的是通过聆听经精心挑选的与研究目标相关的被调查者群体，以获得对某些问题的深入理解。小组座谈的价值在于能够通过自由流畅的小组讨论揭示一些意外的发现和见解。小组座谈会的特点包括以下几个方面。

（1）参加者一般为8~12人。若人太少，力量、动力不足；若人太多，过于拥挤，不易组织成为凝聚力的自然地讨论。

（2）参加者是按一定的准则进行筛选，要求他们对要讨论的问题有相当丰富的经验。

（3）座谈的环境也相当的重要。放松的、非正式的气氛鼓励人们自由地、本能地发表评论。

（4）座谈的时间一般限制为 1~3 小时，最好控制在 2 小时内。为了与参加者建立和睦的关系，并深层次地探索他们的信念、感情、观点、态度以及对有关问题的动机、认识，因此，这个时间区间是必需的。

（5）小组的座谈情况要记录，可以使用录音、录像设备，以便于事后进行抄写、分析等。主持人对于座谈会的成功与否起着关键作用。因此，主持人应当与参加者建立友好关系，使讨论不断深入进行。主持人还应具有探索参加者的内心从而引出其深层看法的能力。

小组（集体）座谈的优点是，被调查者可能互相受到启发和提醒，避免遗漏掉某些信息。在短时间内能同更多的被调查者进行沟通。其缺点是也可能造成被调查者相互干扰、相互影响，造成某种"舆论一律"式的心理暗示，从而忽略了某些真实情况，尤其是对于可能涉及隐私的调查，不宜选用集体座谈式调查。

一个调研项目应当有几个小组座谈会，这取决于问题的性质、时间和费用等方面。一般对同一主题进行 3~4 个小组座谈较好，最少也要组织 2 个小组座谈。小组座谈会组织得好，就可以为后续的定量调查研究提供作为基础的理论假设。

2. 个别采访

个别采访是研究者与被研究者进行的一对一面对面深入交流，属于深层访谈方法。这种访谈方法是非结构化的、直接的、个人化的，旨在通过访问过程中的深入对话，由一位具备高级访谈技巧的调查员揭示被调查者关于特定问题的潜在动机、信念、态度和情感。

个别采访的优势在于它不受时间和场合的限制，不易受外界干扰，特别适用于那些在公开场合不便讨论的话题。然而，其主要缺点在于，如果需要采访多个被调查者，可能会耗费较长的时间。与小组座谈会相似，深层访谈主要用于探索性研究，其目的是获得对问题的深层理解和认识。

二、问卷调查法

根据问卷的内容及填答方式，一般可将问卷调查法分为调查表和问题表格法两种形式。

（一）调查表

1. 调查表的基本特点

（1）调查范围较广，调查对象多是某一社会体育群体或某一地区社会体育基本状况。

（2）偏重于事实资料的搜集，包括某社会体育群体的概况、发展现状等基本数据资料。

（3）由被调查群体有关承办人依据实际情况填写，具有可靠性。

（4）调查表简明，便于统计。

2. 编制表格的基本要求

（1）表的标题应简明醒目。

(2) 表的大小必须能容纳所有有关研究主题的调查项目，便于携带保管。

(3) 表中各项目排列应有系统，简明清晰。

(4) 为防止答案有误，宜有相互参证的项目。

(5) 表尾应注明调查单位，调度员或填表人姓名，填表日期。

(6) 表内数字的上下位置要对齐，如有相同数字仍须全部写出，不得填"同上"字样。暂时未获得的数字，栏内用删节号（……）表示；如果数字根本不可能获得，则用短线标明（—）；如果数字由推算得出来的，应在表下注明。

（二）问题表格法

问题表格法是一种通过书面提问形式来收集数据的研究方法。研究者把研究问题编制成问卷，通过邮寄、面对面作答或追踪访问的方式来收集被试者对某些现象或问题的看法和意见。

问题表格法的优点：方便实用、省时、花钱少；由于可以不署名，在某种情况下结论比较客观；能收集大样本信息资料，收效大；便于整理归类，能进行量的统计处理，使调查结果具有一定代表性。

问题表格法的局限性：若问卷中的问题不够清晰或问题过多，或者被调查者不愿配合，都可能影响研究结论的代表性。由于其应用范围广泛，收集的资料往往只能反映表面情况，难以深入探索被调查者的内心世界的真实情况。此外，如果部分被调查对象选择不回答，难以确定其具体原因，这也可能影响问卷的效度。问题表格法的关键在于问题的编制、被试者的选择以及结果的分析、处理。

（三）问卷类型及问题形式

(1) 结构型。又称封闭式问卷，是把问题的答案事先加以限制，只允许在问卷所限制的范围内进行挑选。结构型问卷包括以下问题形式。

①是否式是把问题可能答案列出两种极端情况，从中择一，即"是"与"否"，"同意"与"不同意"。

②选择式是从多种答案中挑选最适宜的一个或几个答案，然后做上记号。

③评判式是将每个问题后列有许多答案，要求被试者依其重要性评定等次，所以评判式也叫排列式、编序式，使用数字表示几种答案应排列顺序。

或者当答案是回答问题的程度或状况时，也可将答案预先分为两个极端，中间按一定的间距区分，被试者打上个人的意见或评判。

④划记式是按同意或不同意，在答案上分别记为"√"或"×"。

(2) 非结构型。又称开放式问卷，问卷由自由作答问题组成，是非固定应答题。这类问卷，提出问题不列可能答案，由被试者自由陈述。就题型分析，可以是填空式的，也可以是问答式的。

开放型问卷的优点是可以使被调查者畅所欲言，能从中了解到许多问题和现象形成的真谛与料所不及的原因。其缺点是调查的结果不好做量化统计，有时被调查者因费时费力，而草率应付一下了事，难以取得预期效果。

(3) 综合型。根据研究的需要，可以在问卷中加入一定数量的开放性问题。这意味着，研究者对于自己较为确信和了解的问题设置封闭性问题，而对于那些尚未完全明了的问题采用开放性的形式，不过这类问题的数量应适当控制。调查和积累一定的材料基础后，问卷中的某些开放性问题就有可能转化为封闭性问题，这是一种常用且有效的问题设计技巧。这样的做法既能够实现对问卷中部分材料的量化处理和比较，又能够对所调查的课题进行深入的探索性研究。这种结合封闭性和开放性问题的方法可以提高问卷的灵活性和深度，使研究者能更全面地了解和探讨研究主题。

（四）调查问卷的编制程序

问卷调查法的成功与否不仅取决于调查过程中的抽样、信度和效度检验等因素，更紧密地关联于问卷的设计。在问卷调查中，调查者通常不会与被调查者面对面交流，很少有机会进行当面讲解。因此，问卷成了表达调查者和被调查者思想的主要媒介，是他们沟通的关键桥梁。

问卷的设计过程是研究者根据调查研究的目标和需求，精心编写问题并形成问卷的过程。这一过程要求研究者对所涉及的主题有深入的理解，确保问卷内容既能全面覆盖研究目的，又要足够清晰、具有引导性，以便有效收集所需的信息。其编制程序包括下列步骤。

（1）明确研究目的，根据研究目的和假设范围收集所需资料，并确定调查对象。

（2）列出问卷调查所需研究问题的纲要，确定所要收集的信息和问卷类型。

（3）围绕主题草拟问题，列出标题和各部分具体项目。

（4）征求有关人员、专家的意见，修订项目。

（5）试测，从总体样本中抽取30~50人为试测样本，以检查问卷表述的方式、项目、内容能否被受试者所理解，并求出信度、效度。

（6）再修订。根据试测结果，对项目内容、排列方式加以改进，然后打印。至此，问卷的编制工作便完成了，可以按计划发放问卷，进行正式调查。

（五）设计问卷问题的基本要求

问卷问题的设计直接影响到问卷的科学性和有效性，是问卷编制过程中的一个关键环节。因此，在设计问卷问题时，必须综合考虑以下几点。

1. 问题的范围

问题的范围是小范围的典型调查还是大范围的统计调查，即是了解人们思想态度方面的意向性问题，还是主要了解过程方面的事实材料。

2. 问题的内容

问题的内容是完全符合、基本符合，还是基本不符合该课题研究目的和假设的需要。所列项目对研究目的是否具有较好的覆盖面，答案要能较全面地反映所要研究问题的主要方面，且不交叉、不重叠。

3. 问题的数量

若问题过多，会导致作答者容易产生厌倦情绪，导致敷衍或不予回答；若问题太少，又不能得到有关研究的基本事实材料以致影响研究结论。因此，与研究主题关联度较小的问题可适当删减。一份问卷作答时间一般以30~40分钟为宜。而一些较复杂的、超出被试者的知识和能力所及范围、需要查阅资料才能回答的问题要尽量避免。

4. 问题的文字表述

文字应准确简明扼要，通俗易懂，容易回答，应避免使用冷僻或专业性太强的术语。

在问卷结构上,一般每个问题只含有一个疑问。

5. 问题的排列顺序

问卷中问题的排列顺序对其科学性和有效性至关重要,需确保分类清晰、层次分明,并遵循逻辑顺序。在问卷的开头部分,应首先解释调查的目的和原因,以消除被调查者的顾虑。被试者的基本信息,如性别、年龄、学历、职业经历及家庭背景等,应放置在问卷的前端。能够激起兴趣的问题和较为简单的问题应放在前面,而可能引起紧张、涉及个人隐私或较为复杂的问题则宜放在后面。同时,还应根据内容或性质将相同或相似回答方式的问题组织在一起,确保问题组之间具有内在的逻辑关联。在封闭式问卷中,按程度划分的答案选项,无论是由低到高还是由高到低,都应随机排列,避免造成答题者的思维定式和马虎应对。

总而言之,问卷中的问题排列和分类应清晰明确,层次应分明,前后连贯,且相互衔接,既要方便回答,又要便于进行后续的统计处理和分析。

(六) 问卷的发放、回收与偏斜估计

1. 确定发放的形式

(1) 邮寄。邮寄的形式简便易行,省时省力,但由于被试者对所研究的问题或不关心、不感兴趣,或问卷的问题设计不大合理、不便于回答,或其他技术措施问题影响被试者作答,因此常影响问卷回收率。

(2) 有组织地分配,发放迅速,回收率高,便于收集和整理。

(3) 当面填答。回收率高,不明白问题可当面提问;由于有情感交流,易获得被试者的配合,但取样范围数量有限。

问卷发放有不同形式,且各有利弊。无论使用哪种方式,都应在卷首说明调查的目的、意义以及对被试者的具体要求。邮寄问卷时,应附回件邮资。

2. 对问卷回收率的计算

对回收的问卷,在剔除废卷的同时要统计有效问卷的回收率。一般来说,回收率如果仅30%左右,资料只能作参考;50%以上,可以采纳建议;当回收率超过75%时,方可作为研究结论的依据。因此,回收率一般不应低于70%。如果有效问卷的回收率不足70%,要再发一封信及一份问卷。另外,为保证结论的可靠性,如果有可能,可以做小范围的跟踪调查,了解未回答问题那部分被试者的基本看法,以防止问卷结果分析的片面性。

3. 对问卷回答偏斜(向)估计

答案中的偏斜(向)指被调查者未真实反映事情的客观情况。因此对收回的问卷应作出偏斜估计。

(1) 对事实的回答错误,如根据记忆回答而造成事实有误。

(2) 装假倾向。装假倾向往往发生在以下两种情况中:或社会性期望,当问及有关社会不容忍的态度或行为,答者按社会所认可的方式,故意作出符合社会倾向的回答;或提问涉及私人的问题,使回答者难以回答而反应不真实。

(3) 默认倾向,指问卷中有的问题答案的选项,给填答者一个预定的框架,不管提问内容如何,都只能回答为"是"或"不是"。如这样的问题:"校长应重视体育,对吗?"

(4) 无回答,一种是整个答卷不答;另一种是部分项目不答。需要分析原因或表示回

避倾向，或判断力不足，或项目过多，内容过于复杂或问题不好理解，因此，要具体分析。

三、观察法

（一）观察法的概念和特点

观察法是一种科学研究方法，它涉及人们以有目的、有计划的方式，通过感官或辅助仪器，对处于自然状态下的客观事物进行系统考察，以获取经验事实。在科学研究中，若缺乏对研究对象的直接观察所得的第一手原始材料，将难以深入理解事物的本质和规律。随着现代科技的进步，观察技术的现代化水平不断提高，使得观察法的应用范围更加广泛，成效也更加显著。

观察法主要分为两种：一种是广义的观察，即日常观察。这种观察依靠研究者的直接感受或体验来获取关于研究对象的感性材料，具有一定的自发性和偶然性。日常观察是科学研究观察的基础和初步形式。另一种是科学观察，这是一种更为严谨和有计划的观察。在此，研究者根据预先设定的计划，对观察对象的范围、条件和方法作出明确选择并有目的地直接观察处于自然条件下的研究对象的言行等外部表现，从而收集事实材料并进行分析研究，以获得对问题的深入理解。社会体育研究中的观察法则属于科学观察，基本特点如下。

（1）观察的目的性。观察是根据研究课题的需要，为解决某一问题而进行的。因此，观察前有明确的观察目的，并确定了观察的范围、形式和方法。

（2）观察的客观性。观察是在自然状态条件下，不改变对象的自然条件和发展过程，直接观察某一社会体育现象发生发展过程，综合运用各种途径和方式，对观察结果作明确、详细、周密的记录。由于研究人员不干预研究对象的活动，从而能较客观真实地收集第一手材料。

（3）观察的能动性。作为研究手段的社会体育观察是按事先制订的提纲和程序进行；同时，还规定了观察的时间和内容，是从大量社会体育现象中选择典型对象、典型条件，力求全面地把研究对象的各种属性并以科学理论去分析、判断和理解观察结果，因此，同样具有能动性。由此可知，科学的研究性观察，远高于日常观察，是有目的性、有选择性的、主动的自我实践过程。

（二）观察法在社会体育研究中的作用与局限

观察法作为基础的科研方法，在社会体育科学研究全过程中扮演着至关重要的角色。其最大优点是研究者与被研究对象的直接接触，获取的均为第一手资料，避免了信息资料在传递过程中的流失、衰减和失真。此外，观察法能够在一个立体空间中进行，不仅覆盖点和面，还易于收集大量信息，有可能获得意想不到且极具价值的资料。观察法的适用条件灵活，适合多种类型的研究，特别是某些特定研究（如体育赛事中球迷骚乱现场过程的研究、体育游戏与幼儿集体人际关系的研究）只能通过观察法取得满意的结果。

在社会体育研究中，观察法的作用包括：首先，通过有目的、有计划地观察社会体育领域的某一现象及其变化过程来获得对研究对象的全面、细致和深入认识，为分析和解释所研究的体育现象及过程提供充实、客观的事实材料。其次，观察研究是检验社会体育科学理论观点正确性的重要途径。只有对通过观察得到的科学事实进行验证，社会体育研究假设才具有科学性和价值。正如爱因斯坦所说，"理论之所以能够成立，其根源就在于它同大量的单个观察关联着，而理论的'真理性'也正在于此"。最后，观察有助于课题的选择和形成，通过观察可以直接导致新课题的形成，发现新观点、新理论，为社会体育研究开拓新的方向和领域。观察方法方便易行，不用特殊设计的复杂设备或特定条件，适用于广泛的研究范围，并且不会干扰被观察者的日常生活，不会产生不良后果。

然而，观察法也有其缺点。例如，在某些研究（如体育暴力事件的现场研究）中，观察法对研究者的时间和空间要求极为严格。研究者无法选择时机，必须即时观察，这极大地限制了研究者的自由。为了捕捉某些研究机会，研究者可能需要长时间连续不断地观察，这不仅耗时费力，也可能影响研究效率。

观察研究方法的本质同时也规定了它的局限性。由于观察是在自然条件下进行的，必然会受到错综复杂的各种各样偶然因素的干扰。由于在观察时，研究者原则上不能支配和控制研究对象及其全过程，从而带来了以下几方面的局限。

（1）不能判断"为什么"这一类因果关系的问题，只能说明"有什么"和"是什么"问题。

（2）由于观察时间和观察情景的限制，在研究对象人数多且分散的情况下应用较困难。

（3）由于社会体育现象的复杂且处于不断变化中，观察项目归类推论性太多，会影响研究的信度。

（4）观察研究往往取样较小，观察的资料琐碎不易系统化，普遍性的程度不高。要将研究结论类推到其他总体中时，应谨慎小心。特别是观察者个人意识形态、价值观以及感情色彩可能影响到观察对象的态度和行为，而研究的偏差又不易被察觉，从而影响观察结果解释的客观性。

（三）观察的类型

观察从不同角度可以分为不同类型，了解这一特点，可以在研究中根据实际情况加以灵活运用。

1. 自然情景中的观察与实验室中的观察

按观察的情景条件，观察可分为自然情景中的观察与实验室中的观察。自然情景中的观察法包括自然行为的偶然现象观察和系统的现象观察，能收集到客观真实的材料，但材料往往是观察对象的外部行为表现。实验室的观察，由实验法特点决定，这种观察有严密的计划，有利于探讨事物的内在因果联系。

2. 直接观察与间接观察

按观察的方式，观察可分为直接观察与间接观察。直接观察是凭借人的感官，在现场直接对观察对象进行感知和描述，因此直观和具体。间接观察是利用一定的仪器或其他技术手段作为中介对观察对象进行考察，这类观察突破了直接观察受人的主观能力的局限，扩展了观察的深度和广度。

3. 参与性观察与非参与性观察

按观察者是否直接参与被观察者所从事的活动，观察可分为参与性观察与非参与性观察。在社会体育学研究中，如对晨练活动的观察，涉及锻炼者间的相互作用、相互关系及体育参与等现象，这属于参与观察法的范畴。在此方法中，研究者直接参与到被观察群体和活动中并隐藏自己的真实身份，以便在参与过程中进行隐蔽性的研究观察。这种方法的优点在于，它不破坏或影响被观察对象的原有结构和内部关系，能够获取关于深层结构和关系的信息。然而，由于研究者主观因素的存在，如果处理不当，容易影响观察的客观性。

非参与性观察法是另一种方法。在这种方法中，研究者不需要与被观察对象站在同一地位上，而是以"旁观者"的身份进行观察，既可以采用公开的方式，也可以采用秘密的方式。非参与性观察的结论可能更为客观，但可能偏向表面化，难以获得深层次的信息。

4. 结构式观察与非结构式观察

按观察实施的方法，观察可分为结构式观察与非结构式观察。结构式观察是有明确目标、问题和范围，有详细的观察计划、步骤和合理设计的可控制性观察，能获得翔实的材料，并能对观察资料进行定量分析和对比研究，常用于对研究对象有较充分了解的情况下。例如，利用观察法研究体育游戏与幼儿集体中的人际关系，在投入观察前就计划论文要观察的内容，它包括孩子们参加体育游戏时的伙伴选择、游戏中与伙伴间的合作与冲突以及游戏后孩子之间的互相关系表现等。在实施观察时也注意重点观察这些内容，并作记录。这种就是一种结构式的观察。

非结构式观察则是对研究问题的范围目标取弹性态度，观察内容项目与观察步骤不预先确定，亦无具体记录要求的非控制性观察。该方法为较灵活，但获取的材料不够完整，多在对观察对象不甚了解的情况下使用。例如，利用观察法研究各种年龄蒙古族牧民在"那达慕"上的行为表现和态度，如果研究者对蒙古族的体育生活和风俗不熟悉，就很难进行结构式的观察。

每种观察方法都有其独特的基本特征、适用条件及各自的局限性。同时，它们之间又存在着相互联系和互补的关系。在运用观察法进行研究时，研究者需要培养对细节敏感、观察精准的能力。研究范围内的每一个细节都应被充分把握，无一遗漏。此外，研究者还应培养良好的记忆追踪能力。由于在观察过程中，一般不便于当场记录，因此事后需要能够准确地回忆和再现观察所得。在运用参与性观察时，研究者既要妥善扮演其角色，避免暴露真实身份，又要尽量减少自己对观察事件发展的影响。例如，在以参与观察法研究社区体育问题时，社区参与者可能会受到研究者的各种影响，具体影响程度取决于研究者的表现。最后，研究者在运用观察法时，还应熟练掌握录音、摄像等技术，以确保观察所得数据的准确性和有效性。

（四）观察研究法的步骤和程序

1. 观察研究的步骤

（1）选择所要观察行为的某一方面。
（2）确定所要观察的范围，最好列出表格。
（3）训练观察人员。
（4）量化观察。
（5）努力减少误差，提高信度与效度，记录程序要尽可能标准化。

2. 观察研究的程序

（1）明确观察目的和意义（在观察过程中要了解什么情况，搜集哪方面事实材料），确定观察对象、时间、地点、内容和方法，也就是说要回答为什么观察和如何观察等问题。

（2）通过检索资料、专家访谈等，收集有关观察对象的文献资料，并进行阅读分析，对所要求观察的条件有一个最一般的认识，为观察做好充分准备。

（3）编制观察提纲，对观察客体单位要进行明确分类，对所观察的事物确定最主要的方向。观察提纲要有一定的灵活性和可变通性，防止有效资料被遗漏。

（4）实施观察。进行有计划、有步骤、全面而系统的观察。

（5）收集并记录资料。

（6）分析资料并得出结论。

思考题

1. 社会体育科研程序有哪些步骤？
2. 进行社会体育研究设计的目的是什么？其主要包括哪些内容？
3. 小组座谈调查与个别采访的特点分别是什么？
4. 调查问卷的编制程序包括哪些步骤？
5. 设计问卷问题时有哪些基本要求？
6. 举例说明观察法在社会体育研究中的应用。

参 考 文 献

[1] 卢元镇. 体育的社会文化审视 [M]. 北京：北京体育大学出版社，1997.
[2] 田丽普，孟庆震，娄福思，等. 我国城市居民体育锻炼的现状与发展 [J]. 体育科学，1986（2）5-9+90.
[3] 刘德佩. 我国城市居民体育现状及其发展战略思考 [J]. 体育科学，1990（1）1.
[4] 中国群众体育现状调查课题组. 中国群众体育现状调查与研究 [M]. 北京：北京体育大学出版社，1998.
[5] 邓树勋，洪泰田，瑞星志发，等. 运动生理学 [M]. 北京：高等教育出版社，1999.
[6] 全国体育院校通用教材. 运动生物化学 [M]. 北京：人民体育出版社，1999.
[7] 王绍诚. 健康生活每一天 [M]. 沈阳：辽宁科学技术出版社，2001.
[8] 卢元镇，臧超美，杨孭. 全民健身与生活方式 [M]. 北京：北京体育大学出版社，2001.
[9] 胡小明. 体育美学 [M]. 成都：四川教育出版社，1990.
[10] 王则珊，卢元镇. 群众体育学 [M]. 北京：北京体育学院出版社，1987.
[11] 陈琦，麦全安. 体质健康评价与运动处方 [M]. 北京：高等教育出版社，2015.
[12] 李淑芳，王秀华，温蕙甄，等. 老年及特殊人群健康运动处方 [M]. 沈阳：辽宁科学技术出版社，2020.
[13] 陈文鹤，王晓慧. 健身运动处方 [M]. 北京：高等教育出版社，2014.
[14] 冯连世. 运动处方 [M]. 北京：高等教育出版社，2020.
[15] 美国运动医学学会. ACSM 运动测试与运动处方指南 [M]. 10 版. 北京：北京体育大学出版社，2019.
[16] 卢元镇. 体育社会学 [M]. 4 版. 北京：高等教育出版社，2018.
[17] 卢元镇. 社会体育导论 [M]. 2 版. 北京：高等教育出版社，2011.
[18] 国家体委，群众体育司. 社会体育指导员培训教材 [M]. 天津：天津人民出版社，1995.
[19] 劳动部职业技能开发司，劳动部职业技能鉴定中心. 国家职业技能鉴定教程 [M]. 北京：中国物资出版社，1997.
[20] 劳动部职业技能开发司，劳动部职业技能鉴定中心. 国家职业技能鉴定工作手册 [M]. 北京：中国物资出版社，1997.
[21] 孙汉超，秦椿林. 体育管理学 [M]. 北京：人民体育出版社，1999.
[22] 李建设，体育院校通用教材. 体育管理学 [M]. 北京：人民体育出版社，1989.
[23] 国家体委群体司. 群众体育工作指南 [M]. 北京：学苑出版社，1990.
[24] 全总宣教部. 工会文化体育工作手册 [M]. 北京：工人出版社，1989.

［25］全国体育学院教材委员．群众体育学［M］．北京：人民体育出版社，1990．
［26］李伟听．全民健身指导手册［M］．上海：上海远东出版社，1995．
［27］张世文，张文贤．社会调查概要［M］．重庆：重庆出版社，1984．
［28］黄汉升．体育科学研究方法［M］．北京：高等教育出版社，2006．
［29］刘德佩．体育社会学［M］．北京：人民体育出版社，1990．
［30］卢元镇．中国体育社会学［M］．北京：北京体育大学出版社，1996．
［31］张友琴，胡荣．社会调查研究的理论与方法［M］．厦门：厦门大学出版社，1995．